トリペと

妊婦、はじめました

コンドウアキ

はじめに

INTRODUCTION

なんとなく体の不調を感じて、
不穏な気分に包まれていた200×年。
夫婦２人の生活に飛び込んできた
爆弾は、まさかの「妊娠」で…!?

く…っ
重い…っ
ヨロ
ヨロ
トリペがやってきたのは
冬のさむーい日

なんかずーっと腹が痛い……
ギチギチギチ
梅酒で痛みをまぎらす
イラ
イラ
薬を飲むほどでもない
腹の痛みをかかえてイライラしていた

当時 私は

しかし3日たっても4日たっても
あーあ何か病気かも…
ギチギチギチ
イラ
イラ
痛みはおさまらないため 仕方なく
病院にいくことにした

病院やだなー
私は無排卵だったり
2〜3ケ月に1度しか生理が
こなかったりで この痛みは
何らかの赤信号であろう…と
げんなりしていて、でも自分を
ごまかし「そのうち痛く
なくなるさ♫」と
ムリヤリプラス思考
で生活していた

カーテン越しの器具の音は無機質でおそろしく、何を宣告されるのだろうかとビクビクした
カチカ カチャ
楽にしてください
キリ
いやだ…帰りたい…
キリ
楽にできるはずなかろうっ
産婦人科の先生は…
まーあとにかく診てみましょう
あと尿はとってますよね?
ガタ
えっ
まだ説明途中なんだけど…聞いてました?
話し足りない
シャッ
あけますよー
びくっ
ぬ?
あっやっぱりいますねー
え
やほ〜っ
赤ちゃんですよ
あのー…いるって何が…
ぐぐ…っ
少し腹筋

お…おっ〜!!
そうかあ…
それでこの
台にのせられ
たわけね…
……
尿も
それで
取られた
わけね…
ドキ
ドキ
どうでもいい考えが頭を
かけ巡り言葉が出ない
このね、
小さい黒い点
超初期だから普通の人は
気づかない段階ですね
えええー
どこっ 先生
どこにっ?!
想像してない宣告だったので
びょんっっ
とりあえず喜びを
先生に伝えとか
なくては…
わ…
わーい
わーい
おめでとうございます
では下着をつけて
診察室にお戻り下さい
下半身丸出しでの私の反応に
冷静な対応の先生
あっいかんいかん…
いなくなっていた…
…やってきたんだ
オレの腹に赤子が…!!
まだ小さい点だけど…
そうだそうだ
最後の生理は
いつですか?予定日を出します
私は
あ〜…
不順なので
参考にならない
かも…
では下着つけて
おりてください
看護師さん
……

超初期なので育たない場合もありますから
また2週間後きてください
おおそうだ♡母子手帳もらえるんですか?
妊娠について唯一知ってること
一体何を聞いたらいいかも分からない…
赤ちゃんがきたらいいなあとは思っていたものの「妊娠」について真剣に勉強をしていたわけでもなかったので
勉強せずに試験にのぞむ状態

は

興奮冷めやらず
ふるえる足どりでヨロヨロ
歩きながらいただいた
エコー写真をみる

急に実感がわいてきて
笑いが止まらなくなる
やったあ やったあ
赤ちゃんが
やってきた!!
はははははははは!!
夫
に何て言おう
どんな顔するだろう

お腹大丈夫~?
ハッ
そうだった!! 私、腹が痛くて病院行ったんだった
痛いけど まあ大丈夫~ 駅で昼ごはんたべようよ~
こうして私のマタニティライフが幕を開けたのだった

続きはP.009へ GO!

CONTENTS

トリペと
妊婦、はじめました

第1章

妊娠!
~出会いは突然、舞い降りる~

第2章

出産!

～未知なる体験に挑む～

第3章

産後!

～お母ちゃん、はじめました～

この本の登場人物

PROFILE

私

フリーのキャラクターデザイナー兼イラストレーター。食う・寝る・遊ぶをこよなく愛す。

トリペ

ある日突然お腹にやってきて、2人の生活をガラリと変えてしまったパワフルな存在。

タロウイチ

フリーのデザイナー。まじめで几帳面な性格。突然の妊娠で人の変わった妻に振り回され…？

トリペと

妊娠！

～出会いは突然、舞い降りる～

第1章

妊娠2ヶ月! つわりとの戦い

ん?
妊娠 2ヶ月
妊娠発覚から 2週間…
カラスの夢をみる
ガバ
なぜか汗だく

ガ
カラスの夢は「よくないことの前兆」

なぜかとても気になり、webで夢占いをみてしまう

まだ心拍が確認できないなんてーっ
この夢は悪いコトの前兆だぁわぁーーっ
腹の痛みくらいしか私に変化はないんだよっ無事育ってんのかなぁ?!
妊娠まちがいじゃない?!
この情緒不安定さが妊婦っぽいと思うけど…
わぁぁぁぁ
腹まき
(腹痛をやわらげるかもと思ってしている)
思いっきり不安定
人より早く妊娠に気づいてしまった私には
通常「妊娠に気づいた日」に行うこと
「心拍確認→母子手帳」という作業を
"待つ"必要があった…

こんなにもブルーになっていた「超・マイナス思考の私」も今となっては思い出せず。所詮、人間は忘れる生き物なんですね。描きながら「また妊娠したいわ～♪　喉もと過ぎれば…だねぇ」なんてのんきに言ってみたら、夫から「僕の喉もとはまだ過ぎ去ってない」と返事が。甘えすぎてたようです…すまん。

コンドうの こぼれコラム

わあっ
びくっ
ねえ
ぬっ
翌日も…
フンフーン♪

どうしよう…
子が無事に生まれなかったら…
無事に育たなかったら?
憔悴…
毎日毎日いい知れぬ不安が
私をおそう。まだ心拍も確認できぬ
子の未来を案じる

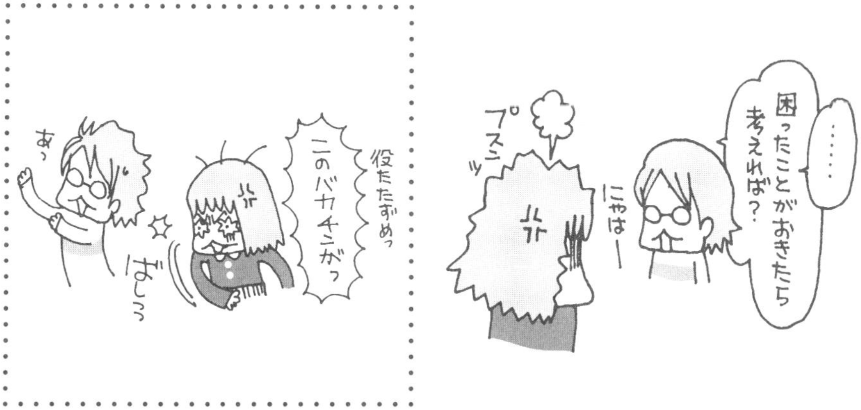
困ったことがおきたら考えれば?
……
にゃはー
プスンッ
あっ
このバカチンがっ
役たたずめっ
ばしっ

コンドうのこぼれコラム

ちなみに妊娠報告の時期。迷いますよね。私は、年間でお仕事をさせていただいている方には、分かった時点で個人的に報告しました。心拍が確認できない段階での報告にはためらいもありましたが、仕事の都合などを考えると早いほうがよいかと。友人や会社レベルへの報告は、3～4ヶ月頃にしました。

男なんか頼りにならんっ お前さんはこの母が守ってやる
ブツブツ
だから心拍を聞かせてー
なでなで
…描きながら我ながらすごい異常な感じだが、当時は本気だったのだ
なんだこの変わりようは…
恐るべし妊婦っっ
この頃から夫は「妻の観察ヒミツ日記」をつけ出したらしい…
…今思ったことやあったことをメモしておきなよ…
なんで？
超おかしいからだよ!!
そしてそれは私にもすすめられ…
すげーマイナス思考…
…そしてそれは今、とても役だっている…
そうこうしているうちに
うっ
アベッ
気持ち悪るいっ…
よくドラマなどで見かける症状が…

コンドウのこぼれコラム

つわり。妊娠の一大イベントではないでしょうか。私自身、妊娠前は、「妊娠＝つわり」と思っていたくらいでした。よく「酸っぱいものしか食べられない」「ご飯の炊けるにおいで吐く」など聞きますが、人それぞれ。私は、だしのにおいがだめで。しばらくの間、味噌汁を作らなくなりました…すまん、夫。

不安
メ切
オエ
オエ
吐くほどではないが
唾液が変で
ムンムンと
気持ちわるい
当時のコンドウメモより…
つわりの始まりと情緒不安定とメ切を抱え
3回目の産婦人科健診に行く
では、母子手帳もらってきてくださいね
やったーっ
パァーーッ
わきわき
心拍、無事確認!!
…何やってんだろこの人…とか思われてんだろーな…
マンガのネタ出し
妊娠
(産婦人科の待ち時間は超長い!! 2時間はザラ!!)
もうつわりも始まる時期ですが、大丈夫ですか?
唾液が変な感じがしますが、吐くほどじゃありません

コンドうの こぼれコラム

つわりには、私が経験した吐きつわりのほか、食べつわり（とにかく食べてないと気持ち悪くなるからずっと食べる、結果太って体重管理が大変に！）、眠りつわり（ところかまわず睡魔が襲ってきて、眠くて眠くてしかたがない）などがあるようです。だいたい妊娠２ヶ月くらいで始まり、５ヶ月くらいで治まる人が多いとか。

じゃ、軽い方かもですね 食べたいモノを食べて 乗り切ってください
軽い方かー やったー♪
はいっ♪
この「乗り切る」なんて大ゲサなこと言うなーと思ってた
「心拍確認」にすっかり陽気になった私
ラン ラン ラン♪
♪ ♪
そしてその日に「母子手帳」を交付してもらい、
みてみてー!!
念願のっ
やれやれ…
その翌日
吐いた。
……
つわりと一口にいってもタイプは色々あり、私は食い意地がはっているせいなのか
昨日まで楽勝だったのにぃ〜
ウラ〜 くそお 気持ちわるいのに 腹がへる…
…というタイプであった
「つわり＝酸っぱいものを食べたがる」わけでもなく
……
大丈夫〜?!
夕食ほとんど食べてなかったけど…

つわりの恐ろしさ…それは、医者から「とにかく乗り切りましょう。それしかないですから」と相談もしてないのに言われてしまうくらいです。

コンドウの
こぼれコラム

焼きそばパン食べたいっ
がばっ
焼きそばパンしか食べらんないっ
焼きそばパン買ってこいやー
なんだなんだイキナリ
夜22:00に焼きそばパンを
買いにいかされる30歳目前男
焼きそばパン
えっ?!
…マヨネーズ入ってる〜〜
もしゃもしゃ
何かイメージがちがーーう…
この…っ
ふりあげたコブシを必死におさえる…
どう?
あぐっ
とにかくやることなすことめちゃくちゃ…
つわりは味覚が変わるといいますが
本当に変わった!!
妊娠前 ⇨ つわり中
野菜大スキ!! → 野菜どれもムリ
うどん大スキ!! → ぬるぬるしてムリー!!
あっさり系がスキ → 食べたいモノ
・ラーメン
・カレー
・豚カツ
・フライドポテト
・お好み焼き
・コーラ
・ポテチ
・からあげ
・ハンバーグ
私の味覚はこのように変わりました
…でもたくさんは食べられないんだけどね…
ジャンキー!
アフ
アフ
つわりん時食べたいものって子が食べたいものって言うじゃーん…
ぞっ
どうなのこのラインナップ…

コンドうの
こぼれコラム

酸っぱいものがいいのかというとそうでもない、つわり。私の場合、食べたいものがなぜかひたすら、ジャンク＆こってりものオンリー。「気持ち悪いのに、あっさり系がダメ」ってそんな状態、どう表したらよいのか分かりませんが、とにかく自分の唾液さえおかしいのですからどうしようもないですね。

特に朝がつらい!!
ウェー
起きられない〜…
はい どうぞー
うおーー!! パインー…
パインを食べないと起きあがれず
何も食べたくなくて、なぜか今まで
特に何とも思っていなかった
パイナップルが私を救ってくれた…
カットしてある
最初はチマチマ買っていたパインも…
ただいまー
そのうち本気買いするように…
いやあーこれで軽い方なんて…重いつわりの人は大変だなあ…
エフ
とか思ってたら
これ入院対象数値よ
あなた、気持ちわるくないの?数値でかなり気持ちわるい度高いんだけど…
はっ?
何?その数値…
1ヶ月後、インフルエンザとつわりで
入院するはめに…
つわりより、食い意地がはっていた…

コンドうの
こぼれコラム

でも今は、当時のメモを見ながら「そうだった、そうだった」状態。喉もと過ぎればなんとやら。今では「おかしな唾液」も「どれくらい気持ち悪かったか」も思い出せません。…入院するくらいひどかったのに、です！　未経験の皆さんも、心配しすぎないでくださいね。

第2話

妊娠3ヶ月!
泣きっ面にハチの強制入院

鼻水!!
高熱!!
ヨロ!
めまい!!
筋肉痛!!

もう春になろうかという矢先….
やばい状況が私をおそう…

ただの風邪じゃない気が…頂いた風邪薬のんでいいのか…
インフルエンザかもしれない…

前日産院で「風邪」と診断され、風邪薬が
出されたものの 何か違う気がして、
再度、産院にでんわをしてみる

内科に行ってください。インフルエンザならタミフル飲んだらいいですよって先生が…
は?! タミフル※??
※インフルエンザの薬

先生はお産でおらず、受付の
ばーさんがてきとーなコトを言ってくる

あ・あのババア…タミフルなんか妊娠中に飲めるわけないだろーが…
ゲフッ ゴホッ
とーとにかく内科いこうっ婦人科もある総合病院へ…

不安でいっぱいのところに、いい加減な
コトを言う年配受付にイライラしながら
別の総合病院へ行く…

総合病院・内科
検査の結果
インフルエンザだわ
出たわー

“インフルエンザ”との診断

コンドうのこぼれコラム

コミック中で私にさんざん言われているタミフルですが、今では妊婦に投与されることもあるそうです。医師の指示に従ってくださいね。私の場合は、後日、産婦人科の先生に伺ったら、「そんなこと言うはずない！」と言われたので、あれは受付のおばちゃん個人の判断だったようですが。ありえない…。

薬使えないからちょっと婦人科の先生に連絡するからね
ここで待ってて

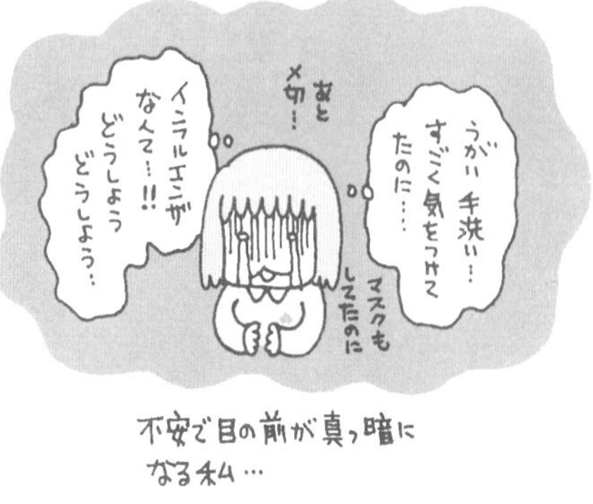
うがい手洗い…すごく気をつけてたのに…
マスクもしてたのに
あと〆切…
インフルエンザなんて…!!どうしようどうしよう…
不安で目の前が真っ暗になる私…

総合病院・婦人科
うーん…
安定するまでもうちょっとある時期だし…
つわりもひどいから入院しましょうか
入院!?

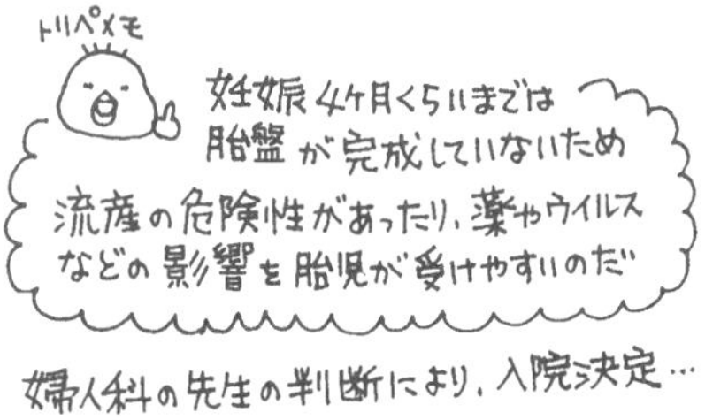
トリペメモ
妊娠4ケ月くらいまでは胎盤が完成していないため流産の危険性があったり、薬やウイルスなどの影響を胎児が受けやすいのだ
婦人科の先生の判断により、入院決定…

あ…あのっ子は大丈夫でしょうか…
ヨロ
ヨロ
今は元気ですけど…流産しないように気をつけましょう…

コンドウのこぼれコラム

妊娠は十月十日といいますから、その長い間、なんらかのトラブルがあることも多いと思います。とはいえ、妊娠中に飲む薬は気になるもの。このときは、妊娠中に、風邪どころかインフルエンザになるなんて！ …と不安でいっぱいでした。

あと、この風邪薬ですけど…今の時期あまり使いたくないやつです
インフルエンザなので意味ないですし、捨てましょう
ガーン
まあ、短期間なら大丈夫ですけど

あっ ハイ
じゃあこちらへ…
ダンナさんも…
ブツブツ
インフルめ〜
フラフラ

次々に後悔と不安が押しよせてくる…
そんな中、私が入院した総合病院は

特別病棟
プラーン
気をつけて〜
ヨロヨロ
気づいてない
…特別…?
……

コンドうのこぼれコラム

病院で出される薬については、その後は非常に慎重になり、確認に確認を重ねながらもらうように。やっぱり、薬を飲む事態にならないようにするのが、一番ですね…。

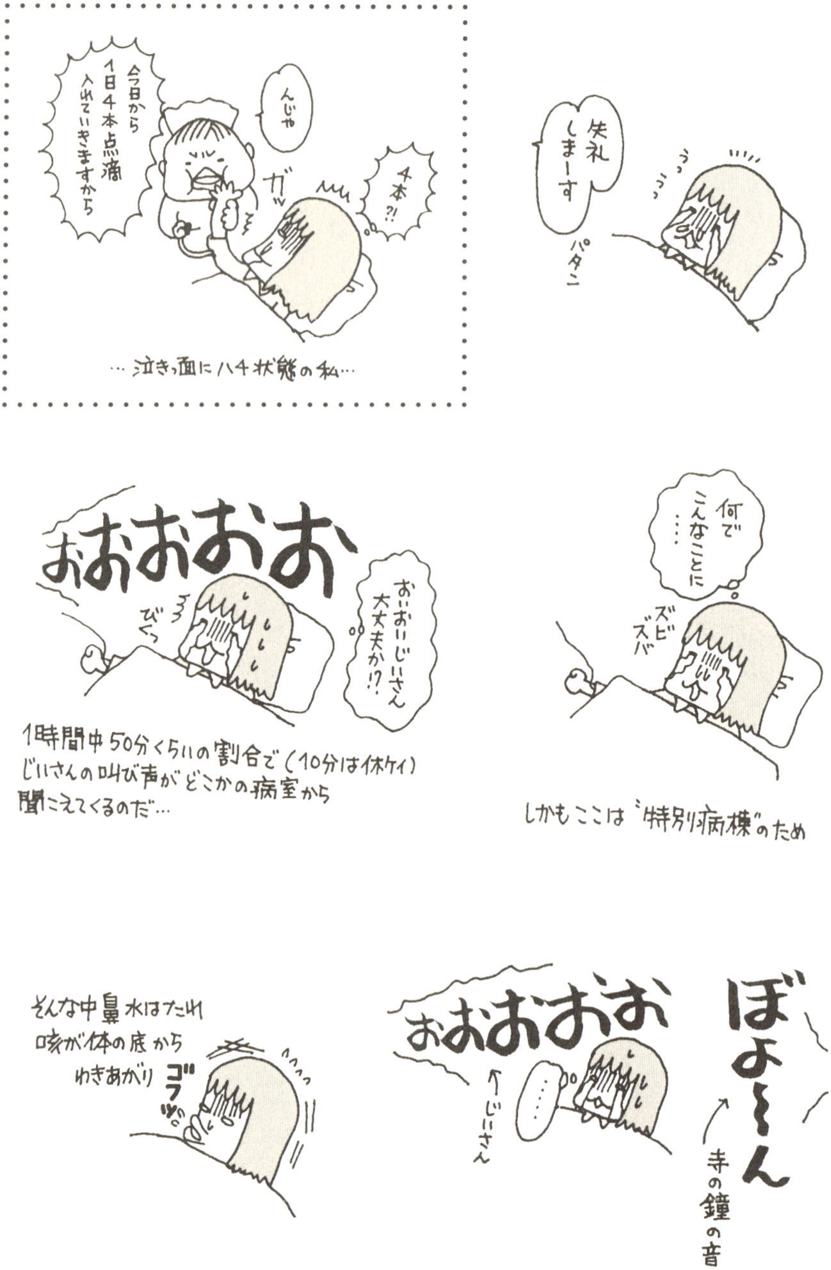

人生で初めての入院生活、覚えていること。７日間中で、入浴も許されないなか、頼みの綱の「体ふき用タオル」が出たのは初日だけ。後はおしりをふくための「尻タオル」しか出ず、ボー然としたこと…。

コンドうのこぼれコラム

咳がひどいわね～でも
咳こむとお腹はってよくないから
なるべくガマンしてね
ガヘッゲヘッ
ゴフエフッ
なんですとっ
と言われ

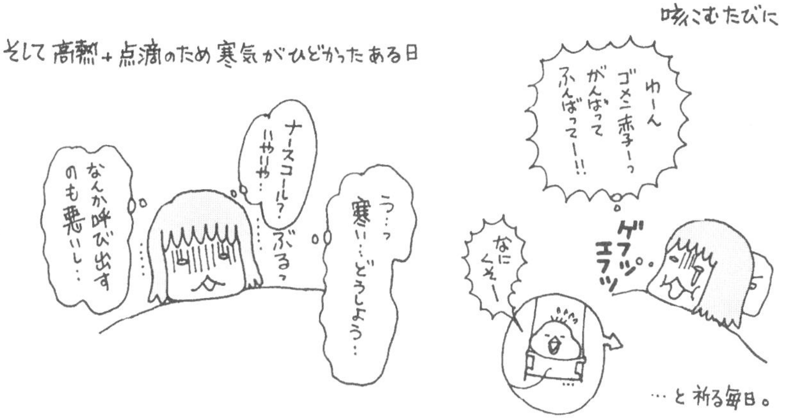
そして高熱＋点滴のため寒気がひどかったある日
う…っ
寒い…どうしよう…
ナースコール？
いやいや…
ぶるっ
なんか呼び出すのも悪いし…
咳こむたびに
ゆーん
ゴメン赤子ーっ
がんばって
ふんばってー!!
ゲフッ
エフッ
なにくそー
…と祈る毎日。

検温でーす
あ…あの…
ちょっと寒いんですけど…
やたっ
ラッキ♥
……
…どうしたいんですか？
は？!

コンドうの
こぼれコラム

入院生活で覚えていること、その2。肉ベースの煮物なのに、前日の魚の味の混じっている食事。点滴を白目をむき出しにしながら監視し続けたこと…。

「フリーな2人」でも描いたので詳しくは割愛させていただくが、この総合病院、1日1万の個室料を取りながら

…とまあケチでひどい病院だったので、あと2日3日はいた方がよいと言われたのだが、

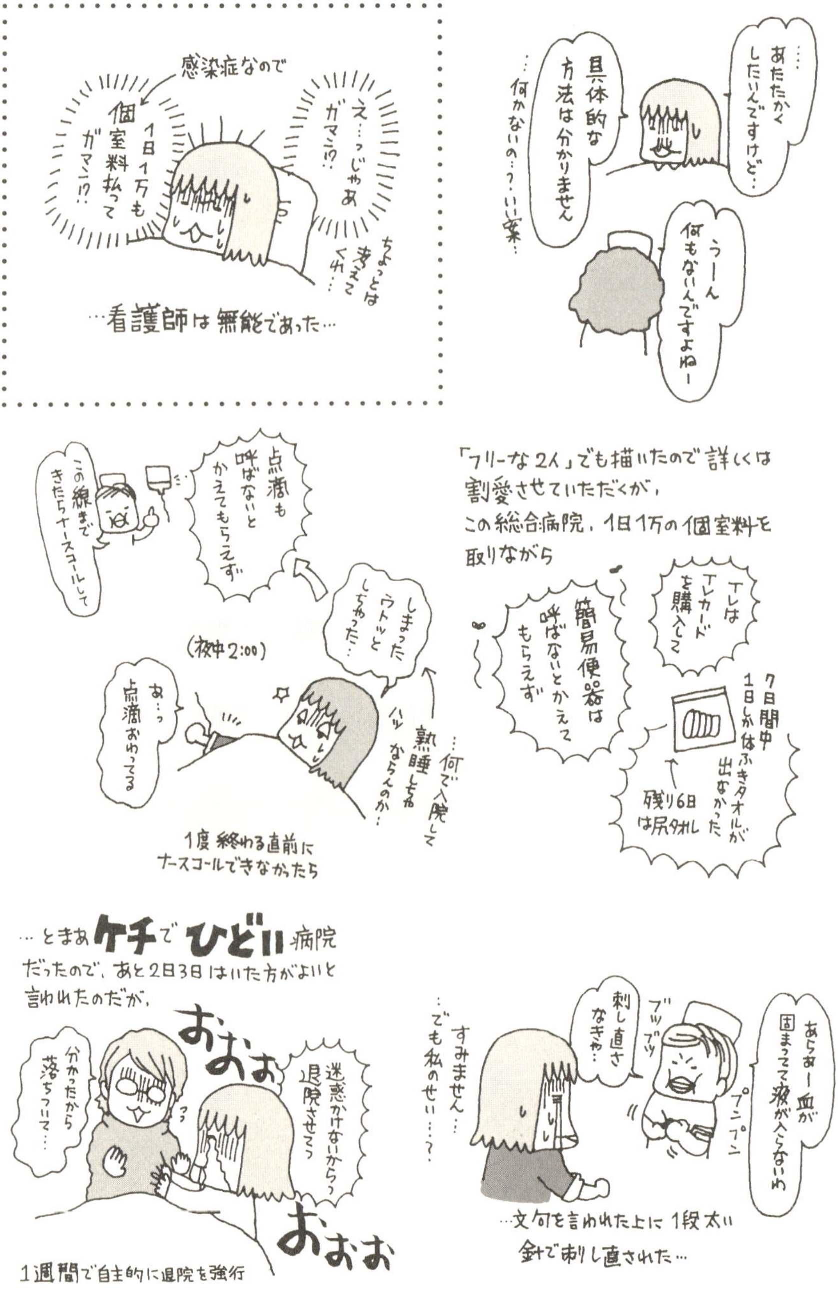

医療に従事している知り合いに入院中の思い出を話すと、「そんなひどい病院ありえない。高熱で記憶がもうろうとなっているのでは？」なんて言われる現在ですが…あれは絶対、幻じゃない…!!
※「フリーな２人」はソニー・マガジンズから発売されました。

コンドウのこぼれコラム

つわりもインフルと一緒にいなくなったのであった…
ハーー!!
空気がうまいっ
気持ちゆるくないっ
さわやかーーっっ
よかった…けど 早く家で寝ないと…
元気ですよ!! よかったですね!!
よ…よかったあ〜
赤子は何とか元気でいてくれて一安心。

…妊婦は健康管理が第1です…
私は寝不足で抵抗力がおちていたみたいです…
みなさんもお気をつけて…
もうあそこには入院したくない…

ちなみに
総合病院・婦人科
あの〜…こちらに転院ってできますか?
あの産院はちょっと心配…
先生はいい先生だった…
ごめんなさいねー ここ設備がなくて6ヶ月までしかみられないの…
ハー…
…だめかー
転院は叶いませんでした

コンドウの こぼれコラム

そんなインフル妊婦だった私ですが、トリペは踏ん張りに踏ん張りをきかせてくれて、無事に退院することができました。ありがとう、トリペ…!

第3話

妊娠4ヶ月！今さら始める、妊娠のお勉強

妊娠4ヶ月
それはたとえて言うなら春風のよう…
キラーン

ちょっとお腹も出てきますがまだまだ妊娠前の洋服でOK♪
世界よおはよう
うふふふふ
気持ちわるくない!! そんな朝がくるなんて
深呼吸
スーハー
スーハー
…えーとコレはもういらないのかしら…？
← かつての命づなのパイン…

体重はかって…
ウィ
ウィー
しかもここの病院は出てくる紙で自己申告
血圧はかって…
ウィン
ウィン
産婦人科は違う!!
さて私、妊娠出産…ってどのように進んでいくのか、病院で教えてもらえると思い込んでいたのですが
どこがつらいですか？
鼻が…
じゃあ鼻水止めと…
病院ってこういうやりとりをするじゃないですか…

コンドウの！こぼれコラム

「妊娠」ということで私が知っていたのは、「つわりがある」「重い物を持ってはいけない」「ヒー、ヒー、フーと言いながら産む」…ということの3点のみ。最初は、わりと受け身というか、ボーッとしながら健診に通っていました。

腹まわりなどをはかってもらい
内診も終わったら
特に問題や質問がなかったら一瞬で終わる診察…
ハイ順調ですね いいですよー
10秒。
えっ
2時間も待って初産なんだからもっと色々話してっっ!!
色々教えてーっっ
なんか聞いてー体調とかーっ
と思うものの…
この淡白な診察でさえ2時間待ち…
一人一人長く診察したら…ゲホッ
私には初めてのお産でもお医者さんにとっては1万回目くらいのお産…全然めずらしくもないわけで…
…となれば自分で調べるしかないべ
その足で早速本屋へ…
すると あるわあるわ!! 大量の妊娠本…
し…知らなかった…各社すごいなあ…
結婚本探した時以来のしょうげき…
みんなこれで調べてるのね…!!
ズラ〜〜…

コンドうの こぼれコラム

妊娠初期は、特に問題がなければ健診もそう何度もないもの（だいたい、2〜3週間に1度）。それだけに健診に対する期待度は高まってしまうのですが、「さあ、待ちに待った健診日！　私の状態を事細かに教えてちょうだい！」と鼻息荒くしても、質問しなければ「はい、順調ですよ」と一瞬で終わってしまいます…。

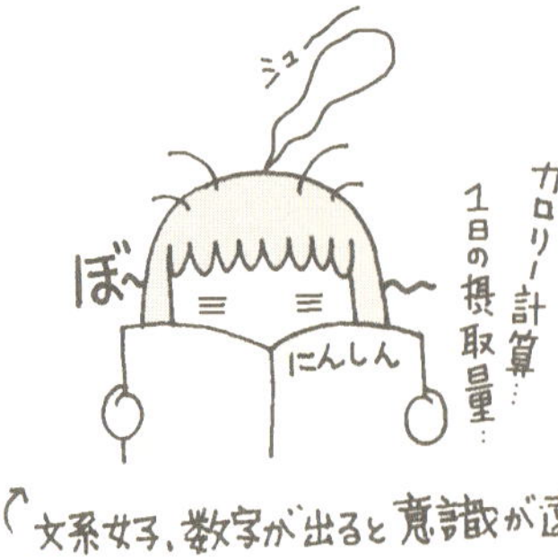
シュー
ぼ〜
カロリー計算
1日の摂取量…
にんしん
文系女子、数字が出ると意識が遠のく

ほうほう…
妊娠線…
むくみ…
腹のハリ…
にんしん
つめこみ教育世代、マニュアル大スキ♡
さっそく手に入れた妊娠本で自分の体の
変化について色々調べる

そういえば つわりの後、栄養士さんとの
面接(?!)もしたなあ…
+8kgを目標にね
ハイ…
カルテ

そう!! 妊婦は常にカロリーとの戦い!!
貧血と便秘と
カルシウム…
ビタミンA取りすぎ…×
塩分×
やせちゃいけない
太りすぎちゃいけない!!…
結構、毎日の食生活に
気をつけないとならんのだ…

イイエ!!
太ると産道に肉がついて難産になりますし
妊娠中毒症もこわいですから!!
ガバガバ食べんでヨー!!

私、妊婦さんってたくさん食べていいのかと思ってました…
よく、お腹の赤ちゃんの分も!!とかって…

妊娠４ヶ月目にして、「はっ！　これはもしかして、自分の体のことは自分で調べろ…ということでは…」と気づいたのでした。小中学校のときのように「旅のしおり」はないのです。自分で参考書を買って、調べなくてはならないのです。ちなみに、「妊娠中毒症」は、今は「妊娠高血圧症候群」と言い換えられているようです。

コンドウの
こぼれコラム

後期になるともっと太りやすくなりますから
今から気をひきしめて、ね!!
1週間に500g増えたらダメですよ!!
はあ…

つわりがあけたこのスバラシイ時期…
バカ食いしてやろうと思ってたのに…
あーだからマタニティビクスとか
マタニティスイミングとかあるわけね♡
にんしん

当時私はヨガをやっていたのだが
「マタニティヨガ」ではなかったので
やめてしまっていたのだ…

よーし スイミング探しちゃお♡
ぐり
ぐり
ココ赤丸チェックだわ♡

私って勉強熱心…

勉強熱心な私は、もちろん
地域の両親学級にも通う

市とか区とか病院とかがやっている
妊娠・出産の勉強会

ボロ…
ココか…
ホントはちっとめんどくさいけど…
初めてのことだしね…
チャッチャと終わればいいなァ…
勉強熱心だが
面倒くさがり

第3話
妊娠4ヶ月!
今さら始める、
妊娠のお勉強

コンドうの
こぼれコラム

幸い本は、あふれかえるくらいありました。その本で初めて知る、妊婦さんのストイックな生活…。「ほれ、赤ちゃんの分までしっかり食べにゃあ！」というのは昔の話。現在は、まるでプロボクサーのような（ってよく知りませんが）、厳しいカロリー制限が課せられているのですよ！

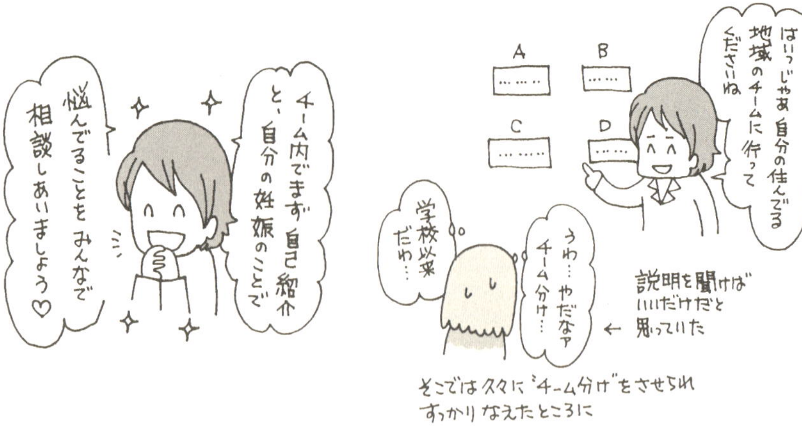
はいっじゃあ自分の住んでる地域のチームに行ってくださいね
A
B
C
D
うわ…やだなァチーム分け…
学校以来だわ…
説明を聞けばいいだけだと思っていた
そこでは久々に"チーム分け"をさせられすっかりなえたところに
チーム内でまず自己紹介と、自分の妊娠のことで
悩んでることをみんなで相談しあいましょう♡

出たっディスカッション!!!
がーん
最高にめんどくさい…
恐れていた「自己紹介&悩み相談会」が始まった…

…経産婦さんとかいればいいけど…素人だらけで悩み解決するのか…?
初妊婦
悩みったって人それぞれじゃん…
私の不安は見事的中し、
私…高齢出産で糖尿病も注意うけているのに…
どうしてもおまんじゅうやめられないんです…
しーん
…
…
…
のっけから高度すぎる難問が飛び出し…

コンドうの こぼれコラム

妊婦の食事は、カロリーを気にするだけでは足りません。塩分やビタミンAのとりすぎにも気をつけ、便秘になりやすいので繊維質をしっかりとり、葉酸・カルシウムも大事、貧血防止に鉄分。低カロリーでバランスの取れた食事…って、かなり難しかったです！

みなさん、通常は便秘で悩むんでしょうけど
私は逆で…どうしたらいいのか…
誰か同じ人います？
…えーと私は初期でインフルエンザにかかったことが不安で…
…って誰もそんなのかかってないですよね…
し〜〜ん
見事、誰もチーム内の悩みを解決できなかったのであった…
はーい♪みなさん、お話が盛りあがってるところ悪いけど
ゲームをしますよー♡
出産
そんな中、助け船だか、数十枚のカードが配られて
そのカードには出産時に起こることが書かれてます
正しいお産の進み方順に並べてみましょう!!
後でチームごとに発表してもらいます
ここで陣痛じゃない？
初対面同士、力をあわせて問題をとくことに…

コンドうのこぼれコラム

妊婦さんは、そんなわけで、食事にかなり気を遣い、自分で自分を律して頑張っています。ですから、周りの皆さんは、どうか彼女たちに「ほら、たくさん食べなきゃ！」と誘惑の渦に巻き込まないでください。いわば、ダイエット中の女子を見守るような気持ちで温かく接していただけたらな…と思います。

結果A〜D班の答えはバラバラで

そんな中でも

肩コリや腰痛のツボを教えてもらったり

沐浴を体験させてもらったり…

夫に妊婦エプロン(?)をつけてもらったり…

…と色々役にたつこともあった。
でも一番よかったのは、この後ここで知りあった人とお友達になれたのだ!!

だからちょっと面倒くさくてもやっぱオススメ…

コンドうの こぼれコラム

ただでさえ社会で孤立しがちな、核家族の妊婦。「両親学級（または母親学級）」に行くと、同じ悩みを分かち合える友人ができるので、おすすめです。地方自治体や、産院などが主催でやっていることも。妊娠したら、ぜひ調べてみてください。

第4話

妊娠5ヶ月! めざせ、アクティブ妊婦

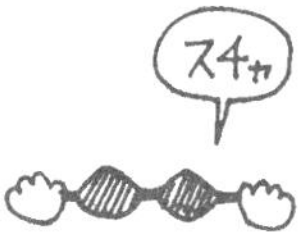

スチャ

ハハハハハハ!!
正面からは分からないけど
横からは立派な妊婦ヨ
マタニティスイミング
デ★ビューゥ♫♪

経過も順調ですし…
5ヶ月に入ったからいいですよ
やっていいですかっ?!

そう5ヶ月
=
安産祈願 戌の日
ちなみに私は母から腹巻きタイプの腹帯をもらいました
ほーぅ
あったかいね
犬、描いてあげよっか?

あーん ちょっとしか着ないのにィ…
1000
1000
大分お腹が出てきたので、
そろそろ、妊婦用の下着やボトムを
購入せねば…と思いはじめます

ひもやボタンで"ウエスト調節可能タイプ"
"ウエストゴムタイプ"がありますが
私はだんぜん"ゴムタイプ"がオススメ!!

コンドうの こぼれコラム

妊娠も中期に入る妊娠5ヶ月。「安定期」と言われているこの時期、経過が順調なら、「マタニティ」がつく運動をしていいと許可がもらえます。マタニティスイミング、マタニティヨガ、マタニティビクスなど、いろいろあるみたいですね。

無駄にイライラしたりして
イライラ
あれっ?!

"ボタン or ヒモタイプ"は調節が
面倒だし大きさによっては
合わない場合も…

産後も着られる
ほほう
それはお買い得だわ…

自分では"ボタンでウエスト調節タイプ"
を購入したのですが…

くっ
ぐいぐいっ

後日談だけど
臨月時には
キツくてズリ落ちたりもして
いっそうイライラしたのだ‥

!
おおっ!!

はいてしっくりとなじむゴム!!
VIVA!! ウエストゴム!!

これ貸してあげるー

"ウエストゴムタイプ"は近所に
住む先輩に貸してもらったもの

体型が少しずつ妊婦らしく変わるのも、この時期。だましだまし着ていた普通服がパツンパツンになり、マタニティ専用のボトムなどを購入したりします。使う期間は限られますが、妊娠中はかなりヘビーに着倒すので、妊婦服は買っておいて損はないんじゃないかな…と思います。

コンドウの こぼれコラム

というわけで専用ボトムを2～3着と

“産後も着られる”のうたい文句に踊らされたけど、産後わざわざ妊婦服着たりはしませんから

フン
フーン♫
あとは、もともと持ってる長めトップスで乗り切りました

どうせノロノロ水中歩くくらいでしょ?
だって妊娠中だもん♪
…と甘くみてたら大間違い

さてスイミングに話を戻しますが
夜よく眠れるわよ!!
運動不足解消!!
安産!!
腰痛にも効果的!!
泳げるようになる!!
おっぱいにもいいわよ!!
コーチ
逆子も直します!!
筋力UP!!
リラックス効果!!
呼吸法
…色々と良い効果を押し出した感のあるマタニティスイミングですが

コンドうのこぼれコラム

でも、産後はまったく出番がなくなるのが妊婦服の宿命。次の子のときに使えるかもと思っても、妊娠した季節が夏と冬でズレると、全然使えなかったり…。どれくらい買うかは、そのへんも考慮に入れてください。先輩ママがいれば貸してもらえるかもしれないし、オークションなどで安く手にいれるのも手ですね☆

あの人たち700Mくらい泳ぐのよー
700?!
400M〜700M 泳ぎます。

ザシャッ
……
見学中
…バタフライやってます…

確かに‥今まで
やったことなかった
バタフライも上手に
泳げたので
赤子効果かも!!
スイーン
しかも腰が
キモチイイ!!

彼女なんか泳げなかったのよー!!
今じゃイルカよイルカ!!
エヘヘ
ヘエ…
お腹の赤ちゃんが
浮きの役目をして
泳ぎやすくなるそう

ヤベ…っ
急に増えてる…っ
体重測定に

そうはいっても"マタニティ"コース
必ず水に入る前に問診，測定があります
血圧測定や
脈拍測定

さて、なんとか無事、許可が出た「マタニティスイミング」。後に「マタニティビクス」も経験することになる私ですが、私はスイミングのほうが、水中だけあって動きやすかったですね。

コンドウの こぼれコラム

体温…
睡眠時間
腰痛
背痛
出血の有無……
健康状態記入…

そしてその後に準備体操

はいひざまげてー
いーち

私が一番きつかったのは
壁に手をついて行うスクワット(?)

…でも何としてでもやらなくてはっ
オエー
クラ
クラ
負けず嫌い

10回やるんですが
もともとの体力・持久力のなさから
7回くらいでめまいが…

妊娠中は絶対ムリをしちゃダメ!!
もうちょっといけるかも…くらいでやめておくこと!!
自分のペースで!!

…と毎回言われていたので
本当はムチャは禁物です…

両親学級で一緒だったよねー
あー…!

ここでは、
両親学級で一緒だった人と
偶然出会い

私も〜
私も行ったー

"両親学級"をネタに顔見知りも増え

コンドうの！こぼれコラム

スイミングの先生が言うには、「マタニティスイミングをやっていた人のほうが、妊娠中のトラブルは少ないのよ！」とのことで。真偽のほどは分からないのですが、ほとんど座り仕事で、通勤もない、明らかに運動不足だった私が、お産のときに「いい腹筋持ってる！」と誉められたのは、スイミングのおかげだと思います。

イヤー！ッ
現在
うちも～
暴れん坊でゴメン…
イモ
3人のママ友ができました…

さて私がやっていたメニュー
ざっぱあ
もちろん クロール，平泳ぎ，背泳ぎ，バタフライなどの泳ぎもやります。
ざぶ
うふふー
ざぶ
地上では忘れかけていた身軽な自分にもう一度出会えます
よっ
足あげっ
ざぱっ
水中運動も…
水中を歩きながらしゃがんで股関節の開きをよくしたり

こうでしょ
…息つぎの時フォームが崩れちゃってさー
水泳得意
当時の夫婦の会話…泳ぎに本気になっている…
こうよこう!!
こう…？
…フォームも直されます…

コンドウのこぼれコラム

日々引きこもり生活だった私に、体力も腹筋もあるはずがなく。でも、お産って、けっこう体力も腹筋もいるんです。ここで思い切って運動しておいてよかった…と心から思います。もともと腰痛持ちだった私ですが、腰痛トラブルにはあまり見舞われずに済んだのも、スイミングのおかげかもしれません。

陣痛でーす
呼吸します～ ヒヒフー
そして"ミズ"に浮き具を使って"出産イメトレ"
発露でーす
?
ハッハッ ハッハッ
浅く速く呼吸!! 短促呼吸よー ハッハッハッハッ!!
…当時、何のことだか今イチ分からずに指示で言われた通りにやっていたこの呼吸法が後々大いに役立つことになる…
最後は"水中座禅"
2人1組になって、水中にもぐっている人の肩を押さえながら「5秒…10秒」と数えます…時間になったら、ザパッと瞬時に息つぎして、またもぐって座禅
お産でいきむ時はね どれだけ長くふんばれるかが勝負なの
息つぎも瞬時でして すぐ長くふんばらなくちゃいけないから!!
…という産む⇒いきむ時にしっかりいきめるようにするための水中座禅
30秒～
苦しくなったら右手をあげる
くっ
最初は30秒くらいで苦しくなっていた私も…
ガぼうっ
50秒!!
通っているうちに50秒もぐっていられるように…
そしてこの水中座禅も功を奏し私は助産師さんにほめられることとなる…

コンドうの こぼれコラム

というわけで、もしお近くにマタニティスイミングをやっている場所がある妊婦の方は、ぜひぜひ一度、体験してみてはいかがかなあ、とおすすめする次第です。経過が順調であれば…かつ、先生の指示に従って、くれぐれもムリのない範囲で…。

第5話

妊娠6ヶ月! どこで産もう? 地元か里帰り

がんばれ腹の皮!!
頂き物のクリーム
ぬりぬり
ぬりぬりぬり
自分の体に無とんちゃくな
私ですが、"妊娠線"がつかない
ように腹には充分気をつかう私…

うおー仕事っ
看護師
この上に妊婦…新生児なんてね…
実家は飛行機で行く距離…
母は時間の読めない仕事…
祖父は認知症、祖母も祖父介護
妹も多忙をきわめていて、全員が
いっぱいいっぱいのところへ
面倒かけるのもな…と思っていたところへ
さてどうすっかな…
里帰り? それともココ?
腹にクリームをぬりながら思うことは
をどこで産むか?! ということ

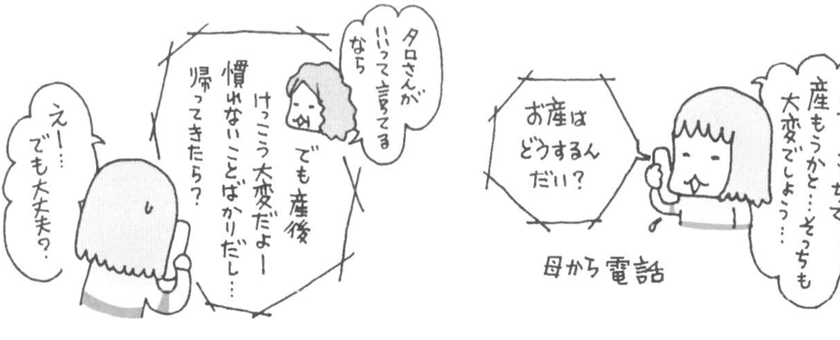

お産はどうするんだい?
母から電話
いやーこっちで産もうかと…そっちも大変でしょう…
タロさんがいいって言ってるなら
でも産後けっこう大変だよー
慣れないことばかりだし…帰ってきたら?
えー…でも大丈夫?

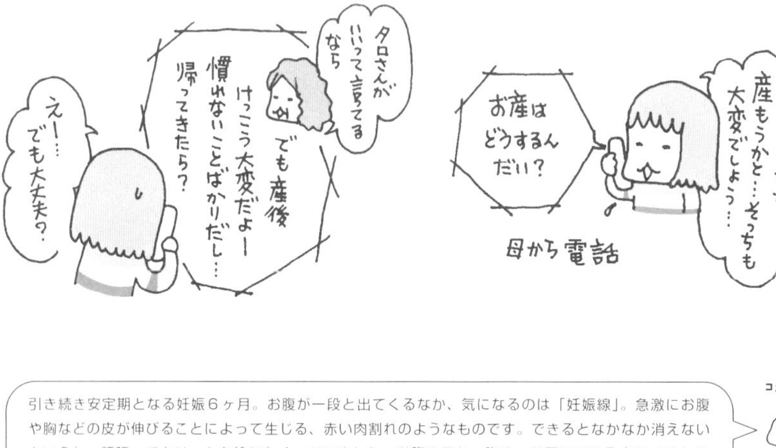

引き続き安定期となる妊娠6ヶ月。お腹が一段と出てくるなか、気になるのは「妊娠線」。急激にお腹や胸などの皮が伸びることによって生じる、赤い肉割れのようなものです。できるとなかなか消えないというし、頑張ってクリームを塗りたくっていました。お腹のほか、胸や、お尻にできる人もいるとか。

コンドうの！こぼれコラム

夫は タロさん
キラ
そうだよ!! 実家でゆっくりしてた方がいいよ!!
僕は大丈夫!!
こんなコトでもないと長期間実家になんて行けないし…
…と仏のような意見を並べてくれたが
仕事しながらキミとトリペの世話する自信ありません!!
きっぱり
あ 本音…
思えば18から上京してきて…
10年ぶりに親元でゆっくりするのもいいかも…
夫と母の後押しにより"里帰り出産"することに決定!!
陣痛きたら来てよっ
立ち会いじゃないけど
飛行機1人で乗れるかなーっ
ドキドキ
飛行機コワイ
ネットって便利…
…というわけで実家の方の産婦人科を調べてみる
こんな産院があるなんてっ
コンサート
豪華な食事
プラネタリウムの分娩室!!
ステキなおへや!!
ステキ!!
思いがけずステキそうな病院を発見!!

コンドウの こぼれコラム

お産をする場所は、本来であればもっと早くに考えるべきなのですが。私の場合、入院したりなんやかんやとバタバタしていたら、中期に入ってしまったのでした。母からの「初産だから大変だよ」という言葉は本当で。やっぱり何でも、「初めて」というのは、経験のある人に聞いてみるものだなあと思いました。

すごいねー ステキなとこ見つけたっ
ウホウホッ
えっとね ○○の ○×…
母 どこ？ 住所は？
冷静
興奮して母に電話

母 あ、だめだわ 車でも1時間以上かかるもん
即答
……
ぴし
ボロボロ…
あっさりダメ出しされる

何とかならない？
でもっ 分娩室にプラネタリウムとかあってね…
ハハハ
産んでる時にそんなもん見てるヒマないって

とにかく車で30分以内で行けないと当日つらいよ いい所ないかみんなに聞いとくわ～ じゃあね♫
ツーツー…
ガロー
一瞬広がってしまった夢のようなオシャレお産を本当に夢にされ…

△×○病院って私が生まれたとこ？ 他には？ 後は…？ えーーっ
そこはやだっ
ワガママ
その後何度か電話で母と押し問答し

個人
とある個人病院に決定

「里帰り出産」を選択しない人は、今はけっこう増えてきているとか。私も「なんとかなるんじゃん？」と当初は思い、夫は仕事だし、誰のサポートもないままで産んじゃえと思っていたのですが、初めての妊娠出産は想像するよりももっと大変なもの。実家でなくても、助けてくれる人は見つけておくべきだと思います。

コンドうのこぼれコラム

早速予約を入れるため電話をすると早めに1度診察に来るように…とのこと。
1度診察…ハアハア。34週までには帰ってこい?
電話ばっかり…
…となると今の病院に紹介状かいてもらわんと…
嫌がられるかなァ…
転院? ふーん あらそう!
里帰り出産を、現在の病院に言うのは何となく気がひけたのだが
現病院と里帰り先の病院の先生が偶然にも、同じ大学卒業で、とてもこころよく紹介状を書いてもらえた…
わーっなつかしいっ ボクそこの大学だったの
キャッ キャッ
先生 同じ大学? 何期生かなっ 同級生だったりして—!!
院長先生
ハイ
よろしく言っといて!!
どうぞ
ありがとうございます!
電車でも、お腹が目立つようになったためか、席をゆずってもらえ
…んじゃ行ってみるかねェ…
オウ!!
ボココ
…そんなわけで、休みを急きょ作り、実家へ!!

コンドウのこぼれコラム

お腹は急にせり出すので（が、まだまだ序の口だった）、腰が痛くなることも。体の動きがどんどん鈍くなるごとに、「あ～、しんどい」と思ってました。妊娠中は体が重い上に、乗り物にも酔いやすくなるので…。

はーよかった…
でか腹での移動は何とか無事にできた
お水です
毛布です
大丈夫ですか？
ちなみに飛行機もいたれりつくせり…
いやーどうもどうも
疲れたでしょう よく来たね
空港につくと母が迎えに来てくれていて…
…相変わらず妙ちきりんな格好して…
服、買ってあげようか？
……
コレいっちょうらですけど
…母は元気であった
ハイッでは経過は順調ですねっ
← 早口
てきぱき
お腹みてみましょう
新しい病院の先生はハキハキしていて
そこにあお向けになってね
院長先生ゴメン!!何期生とか聞けないやっ
ハイッ

なので、街の人などの優しさとか厳しさが、一段と身にしみます。どうしても電車やバスに乗らなくてはならないこともあり、そんなとき、意外にも中年男性が席を譲ってくださることが多く、ありがたかったです。

コンドうの こぼれコラム

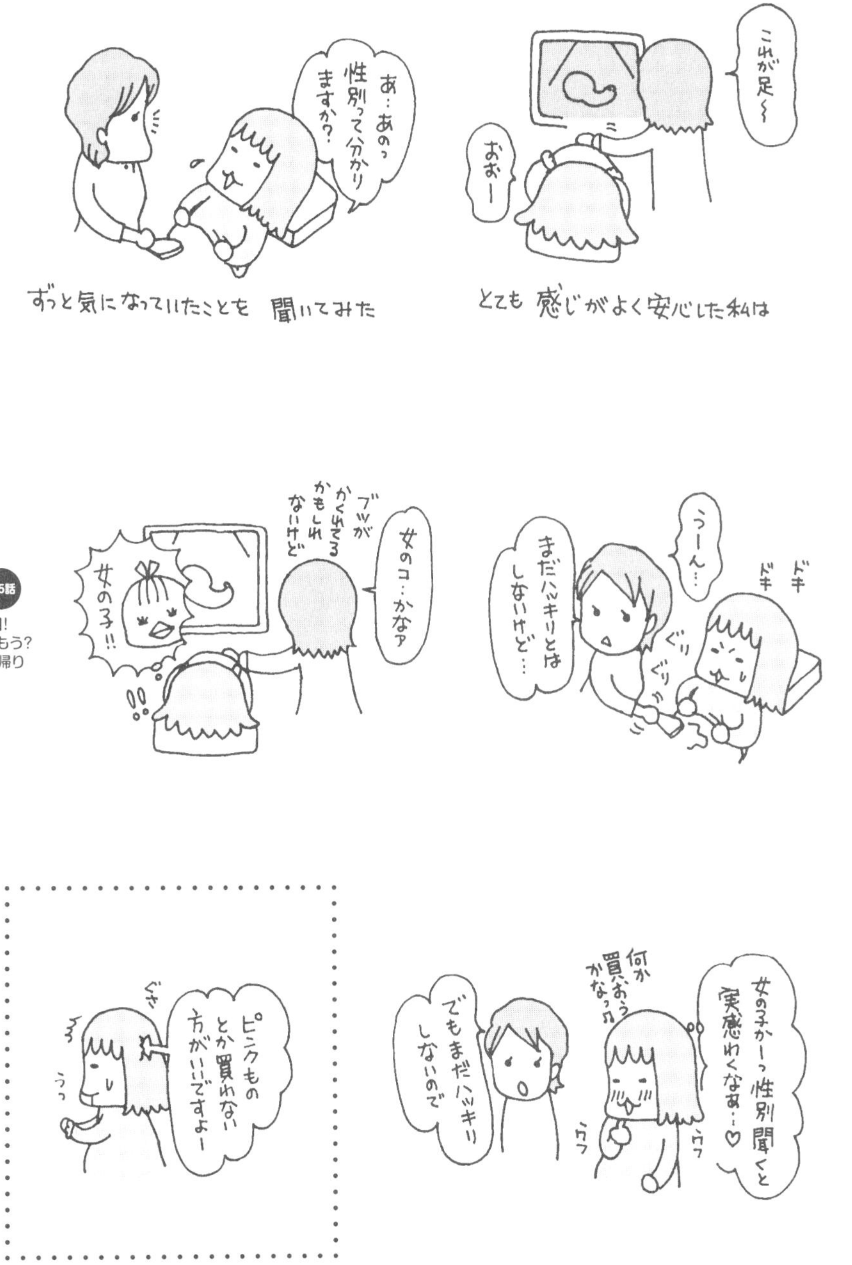
これが足~
おおー
とても感じがよく安心した私は
あ…あのっ 性別って分かりますか?
ずっと気になっていたことを 聞いてみた
うーん…
まだハッキリとはしないけど…
ドキドキ
ぐりぐり
女のコ…かなァ
ブツがかくれてるかもしれないけど
女の子!!
女の子かーっ 性別聞くと実感わくなあ…♡
何か買おうかなっ♫
ウフウフ
でもまだハッキリしないので
ピンクものとか買わない方がいいですよー
ぐさ
うっ

コンドうの こぼれコラム

運よく里帰り出産、転院が可能となった私ですが、今は産院も少なくなり、予約を入れるのが大変なところも多いようです。テレビなどでニュースにもなっていますが…。「どうしてもここで産む！」と決めている方は、早め早めの予約がいいですよ。

どうだった?
おまたせ おまたせ

いい先生だったよ
女のコかなーってさ
そっかー♡
ウホホ
楽しみっ♡ かわいいぞー!!

名前どうするん?!
ワイ
へーっ 今はこんなんが見れるん!!
ほーー
ワイ
赤子の写真

実家はにわかに活気づき

またねっ

里帰りの予定を組みおえると
早々に帰宅し

あだだ
エイヤ

赤子も活気づいていた

コンドうの こぼれコラム

「里帰り出産をする」と決めていても、いざ帰る前に、安静を言い渡されて、帰ることがままならない方もわりといらっしゃるようです。安定期とはいえ、あまり無理はなさらないように…。

女の子かなーって言ってたよ!!
あーやっぱりね
やっぱり?
夫にも報告
女系家族だから…
なるほど…
↑2人姉妹
↑姉・イトコも女

トリペもよく動きが分かるようになり
モゾ
モゾ
おっ
ボコッ

動いたよっ聞いてみる?
ホント?
……
しーん。。

コンドうのこぼれコラム

妊娠中期になると胎動を感じる妊婦さんも多くなるそうです。私は実は、４ヶ月あたりから胎動を感じていて、最初は「お腹がグルグル鳴ってるのかな？」という感じでした。何度もそれを感じているうちに、「これはもしや…」と思った次第でした。最初はやっぱり、分からないもんですね。

…胎動は気まずい

コンドうの こぼれコラム

胎動があることで、「おうおう、今日も元気にしておるね」とトリペの様子を感じたりしていました。さらには、どうも赤ちゃんは、5ヶ月くらいから耳も聞こえるようになるとか。お腹の中から、いろんな音を聞き取っているそうです。すごいもんですよねぇ。

第6話 妊娠7ヶ月! 衝撃の事実! 逆さまトリペ

出産日前後に休みを入れたくて、ムリに前倒しで仕事をしていると
シムスの体位
…
行き倒れ‥にあらず
ピキッ
なんですと?!
イラッ
とすると…
キュ〜
あだだだ…
腹がはる…
きたっ
ひえ〜!
キュ
腹がはる….
ちょっとムリして長く歩きすぎちゃうと…
しまった!!
キュ〜
腹がはる….
リラックスー!!
うおーっ リラーックス!!
7ヶ月ともなると、お腹がはることも多くなってきます
子宮が収縮し、お腹がカチカチに硬くなる

コンドウのこぼれコラム

安定期も最後の月、7ヶ月。なんとなく、体の動きも鈍くなってまいります。腰痛やこむら返り…とミニトラブルも多々あるようですが、私はスイミングに通っていたのと、腰痛体操（体をねじって腰を動かす）をやっていたおかげか、腰痛にはそれほど悩まされずに済んだのでした。体操、おすすめです。

く…苦しい…
お腹を上にして寝るのも
息苦しくなってきます…ので
……
おっシムス!!
そんな時は"シムスの体位"をとると
楽になれるんです。
左が下の方が楽みたいよ…
はぁー
重い〜
なんだかね〜…
ゴロ
ゴロ
とはいえなかなかぐっすりとは
寝つけないのですが
んがー
ぐおー
いいな…あお向け…
平和
そんな時も"シムスの体位"は有効
でやっ
ぼこっ
うっ
というのも子がぼうこう付近を
けりとばすから
うおートイレトイレ
さて最近やたらトイレが近い

この時期は、完全に体を子どもに支配され、「え!?」ということがよく起きてました。胎動もそうですし、お腹の張りも…。（監修者注：シムスの体位は、お腹の子どもの背骨がどっちにあるか、などによって、右を下にしたほうが楽な場合もあります。自分がしていて心地いいと感じるほうでかまいません）

コンドうの こぼれコラム

ぼうこう近くけられるとキツイよね
ぼうこう? 圧迫はあるけどけられたりは…
もっと上じゃない?
?
トホホ…
スイミングにて情報交換
今日どれくらい泳ぐのかなー
ねー
え…?! なんで…?
みんなぼうこうけられないの…?!
ま…
まさか…!!
あー… 逆子ちゃんですね…
やっぱりー!!
まさかとは思ってたけどっ
イヤーッ
ギャーーッ
健診にてトリペが逆子と判明
足を下にして腹の中にいる→
先生… 体操とかやった方がいいんでしょうか
逆子を直すための…
うーん

コンドうの！
こぼれコラム

胎動は、初期は「あら？　これは胎動かしら…」と思う程度のものだったのが、内側からバッチリ体を蹴られるのを感じるようになります。不意を突いてくる上に、「…結構いいキック持ってるな…」と言いたくなるような力強さ。元気な証拠とはいえ、そこまで蹴りを入れなくても…というくらいボコボコ蹴ってきます。

…まあ今直してもまたまわっちゃったりもしますから…
もう少し様子をみましょう
どうしても困ったらお腹の上からまわしてみる方法もありますしね…
くるっ てね
イヤだ…そんな痛そうな方法…
逆子ちゃんって言われちゃったよー
母
あらまっ
何か安心できる言葉をくれ…
早速母に報告
……
母
ありゃー そりゃ直んないんじゃない? ハハハハ!!
大ウケ
ち、ちょっと!!
娘が不安になってるんでしょう?! 直るとか言ったらどうなのさっ
だってそんなの分かんないもん まあいいじゃん 逆子でも
よくないよっ ひとごとだと思って!!

コンドウのこぼれコラム

たまにぼうこうを蹴られると「う…！」とうずくまる始末。そのときは、逆子なんて単語はまったく頭になかったので、「ぼうこうを蹴られること」が通常ではないということに気づきませんでした。そんな毎日なので、たまにお腹がシーンとしていると、ドキドキして「お～い！　どうした？」と声をかけてみたりして…。

んっ?! そうだっ
く…っ母はあてにならん…
また ミムスッ
あー ミムスー
どしたのー？
ニャハ〜
こっちもあてにならん…
ペラ
たしかこれに……
マタニティスイミング
おおーっっ♡
ラッキー♡
逆子も直します
マタニティスイミング
マタニティスイミングでは逆子も直してくれるのであった
どうしても直らなかったらスイミングだ♡
どうやるんだヨ…
うふふ
水中で直すなら痛くもなさそう♡
私はすっかり安心しきっていたのだが
……
バッシャーン
先生
ばしゃっ
ばっしゃーん
助産師さん
なんかまわされてる
○○さん…逆子らしいよ…
……
ざわ
ざわ
ざわ

コンドうの こぼれコラム

胎動を多く感じるこの時期、胎動は、赤ちゃんの様子を見るのに非常に役立つようです。病院からは、胎動を10回カウントし、だいたいどれくらい時間がかかるかを計っておき、急に胎動が弱くなったり感じられなくなったりしたら病院に連絡するよう、言われたりもしました。

私も逆子なんだー…
直らなかったらまわらなきゃ…
ハア…
うそっ 私もっ
仲間
大人になるとこういう発想はない… ←
一緒にまわされようね♡
ちょっと…先にまわされてきてよ…
やだよ…先いってよ…
…と友人と次まわされる順番を押しつけあう
まわされおわった人 ←
フー
ど どうだった?
専用ゴーグル
鼻せん
…鼻せんしてるから水は入らないけど…
逆子…直ってるといいな…
人間洗たく機みたいだったよ…
人間洗たく機!!
やっぱやだ!! 水中回転!!
頼む!! 自分で戻って!!
さすさすさすさす
ん?!
もしかして…上から話しかけるから上を向くんじゃ…
なんだなんだ

胎動といえば、それを使った赤子とのキックゲームというのを、この時期試してみました。胎動があった場所を「キック！」と言いながらポコンと軽く叩く、というのを何度も繰り返していくうちに、こちらが「キック！」とお腹を叩くと、子がポコン！と母親が叩いた回数だけ蹴り返してくれるようになるという…。

コンドウの！こぼれコラム

こんなんで直るのかねェ…
頭はこっちだぞ~
下から声かけ…
やらないよりマシでしょっ
小声(上なので)
…はたから見るとマヌケなコトでも本人はめちゃくちゃ本気です
逆子っ?
直るわよ!! このコがそうだった!!
えっ
ちなみに夫の母
帝王切開しましょうって、部屋を移動しようとしたらね…
じゃあ手術しましょうか
はい…
よっこい…
ん?
ぐるんっ
戻ってる
位置が戻ってますよっ
帝王切開中止っ
えーっっ
ホント、ギリギリセーフで!!
えーっっ
…という話もあるから、産む直前まであきらめないぞっ
まわれ!! トリペッ
しらんも~ん♪

コンドウの こぼれコラム

そんな夢のような、胎児と母とのコミュニケーションゲーム「キックゲーム」。なのですが、トリペはこちらの働きかけなど聞いておらず、ゲームなんてまったく成り立たなかったのも今ではいい思い出です。皆さんもぜひ、そのときに、試してみてくださいね！

第7話

妊娠8ヶ月！ 里帰り目前、何を準備する？

ん…？
なになに先生なんですかっ

おめでとう!! 逆子ちゃん直ってますよ♡
ホントですかっ
やったあーっっ

トリペは見事にまわった

まぁな

やっぱり下からの呼びかけが効いたんだわっ
よかったよかった♪
それはどうかしらねェ…

ネタ的には、人間洗たく機を経験すべきだったのかも… なんですが、逆子のトリペはいつの間にか通常の位置に自分で戻っていました

これ、紹介状です。気をつけて行ってきてくださいね
お世話になりました

さて、自宅近くの病院の健診も今日でおしまい

ははは…何も用意してない…
仕事も残ってるしさ
あとちょっとで里帰りだからっ

…月日の流れのはやさを、体で実感する私… 気づけば腹だけ重くなっている

妊娠８ヶ月。スイミング仲間から「私、退院用の服、新しく買っちゃった～♪」と聞き、ゲッとなりました。聞けば、みんな、もう入院準備万端なんだと。あとは、「陣痛が来れば、このボストンバッグを持って入院すればいいのよ～ん♪」状態なんだとか…。いつの間に…！

コンドうの
こぼれコラム

ウキウキ ♪♪
よしよし♡何が必要かチェックしよう♡
妊娠
遠足より、用意自体がスキなタイプ
大丈夫 大丈夫!!
エヘニ
私なんか3週間もはやく生まれちゃって何の用意もしてなかったもん!!
…と先パイは言ってたけど…
ちょっとは用意しとかなきゃね……
…と妊娠の本，両親学級でもらった冊子，病院からの指示書…持っているものをすべて総動員させて，判断した結果…
ガードル
短肌着
ガーゼ
おくるみ
赤子の退院服
自分の退院服
退院時は腹が出てないんだ!!と改めて気づく…
パジャマ
長い→
産じょくショーツ
ここが開く（健診時に必要）
授乳用ブラジャー
母乳パッド
スリッパ
洗面用具
こちら入院用
産じょく用悪露《おろ》ナプキンは病院で用意してくれました
…が足りなくて買いにいってもらったなァ
（あってもよかった?）

コンドウの こぼれコラム

ヤバイッ。出遅れている…！　気がつけば、もう実家へ送る荷物の整理をしてもいいくらいの時期にさしかかっており、あわてて買い物へと出かけました。幼いときは「お母さんになるときは、手編みで手袋とか靴下を作りながら、お腹の赤ちゃんに声をかけるものなんだろう」なんて思ってたのに。何なんだ、このバタバタは。

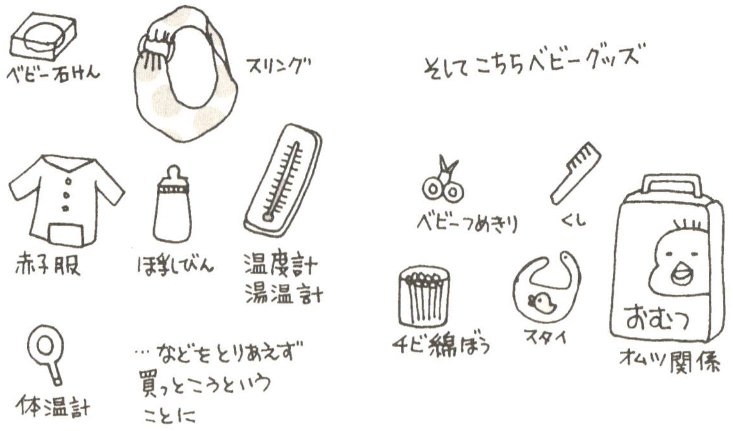
ベビー石けん
スリング
そしてこちらベビーグッズ
赤子服
ほ乳びん
温度計
湯温計
ベビーつめきり
くし
チビ綿ぼう
スタイ
おむつ
オムツ関係
体温計
…などをとりあえず
買っとこうという
ことに

…ベビーバスと布団は実家が買ってくれるって
あと赤子の退院服も…
ドモ

いざ、足りないものをお買いものっ♡
うふー
けっこう買うな！…
荷物持ち

ガーゼとくつ下とー
チェック!!
ドサ…
仕事先や先パイからのお下がりもいただき…

あわてて書き付けたメモを頼りに行ったお店は、広すぎました。鼻息が荒くなると同時に、ますます、何が必要で何が不要なのか、という判断を迷わせます。そうでなくても、もともと、何が何だか分かってないのに。そうそう、でも、メモを持っていったのは正解でした。完全に舞い上がりますんで…。

コンドうの
こぼれコラム

アカチャンホンポ
初めて行ったベビー用品の店は
ぎょ
はわーーっっっ

とにかくあふれかえる物・物・物!!
すごい量の品ぞろえ!!
SALE
少子化って何?!
子供ってこんなに物が必要なの?!

とりあえず見た目で分かるものからいこうっ オムツだっ
ど…っどうしよう…どこから見よう…
あわわわわ
買う物の大半が初めて目にするものなので分からない…
完璧に圧倒されてしまい
完全に自分を見失う私たち

ズラーー
オムツ……

サイズは一番小さいやつだよね…?S…?
SSとかあるの?
どこのメーカーがいいの?どんくらいいるの?
なくなったら買いにくればよい、という思考が全く働かない

コンドうの こぼれコラム

肌着。今見れば、下着だろ。と普通に分かるのに、それが分からない妊婦初心者。「肌着って何よ…下着なの? 下着の上に着る何かなの?」「だいたい何枚着るんだ、赤ちゃんって…? 寒がりなの? 暑がりなの?」「紙オムツ…ってオムツカバーにセットするわけ?」…ああああ～!! もう、私の、アホアホ!

オムツカバーは…
60？ 70？
いくつ いるんだろ
オムツライナー？
？？
ん？
…と色々見ているうちに
疑問が
ねーねー… オムツって
紙オムツをはいた上に
オムツカバー
やるの？
えっ?!
新生児
…こんな紙ものはいた上に
さらにカバーつけるの？
ムレそうじゃない？
見本
でも本には
オムツカバーって書いて
あったんでしょ？
物心ついてから、赤子のオムツがえを
ほとんど意識して見ることがなかったため
トンチンカンなことで悩む私たち
じゃ紙オムツには
いらないのか?!
このオムツカバーに
つけるんじゃない？
…じゃあこの
オムツライナーって商品は
何…?!
おバカさんを×2したところで
おバカさんには変わりないので
店員さんに思いきって聞く
でもさー オムツのCMでは
みんなはいてなく
ない？
紙オムツの
まま!!
あれはオムツカバー
したらCMに
ならないから
だよっ
力説っ
…バカすぎて恥ずかしくて
書きたくないのだが、
本気でこのやりとりを20分…
バカだ…
最高のバカだっ

ご披露するのが恥ずかしいほどのアホっぷりでした。それも夫婦そろって。

コンドウの
こぼれコラム

どうする? 布にする? 紙にする?
できれば布がいいけど
どれだけ大変かもよく分からないから紙も買っとくよ…
カバーも一応買っとこ
そんなことも決めずに買いにきた
紙オムツはこれだけでいいんです
ライナーは布オムツに
なるほど
…店員さんは笑わずに親切に教えてくれた…
（…後で笑ったかもしれないが）
手袋やくつ下もいるかなっ
ちっちゃー♡
かいて傷つけるかもしれんしねっ
答え:（夏生まれちゃんだったので）
両方いらない
ドキドキ
結局1度も使わず…
手袋でなくつめを切ればよいのだ
足もほとんど出ないし
くつ下いらず…
（1ヶ月はほとんど外へも出ないし）
肌着…って何?
短?
長?
ラップアップ?!
コンビ?!
カバーオール?!
サイズは?!
赤ちゃんって何枚着るの?っ
答え:（気温によるけれど）
短肌着
3〜4枚
サイズは 50〜60
コンビ肌着
2〜3枚
寒い時短肌着の上に
長肌着いらない…
外出ないし
トリペはとりあえずこれくらいでよかった…

コンドウの こぼれコラム

妊娠本では、「必要なもの、あれば便利なもの…」などいろいろジャンル分けして必要なものが書かれてますが、いろいろあって混乱することも。一番手っ取り早いのは、同じ地域に住む、同月あたりに産んだ先輩ママに聞くことです。沖縄と北海道、冬生まれと夏生まれでは違いますし。

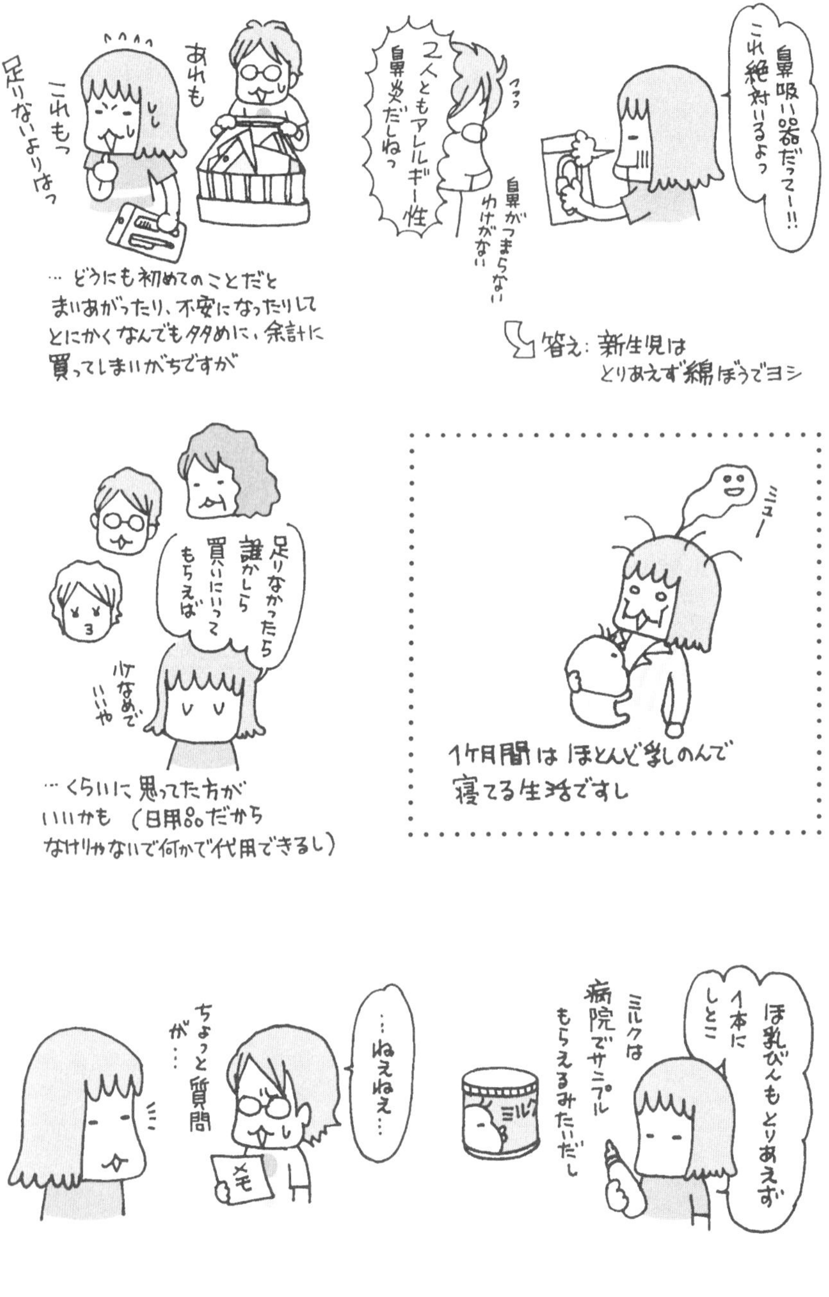
鼻吸い器だって〜!! これ絶対いるよっ
2人ともアレルギー性鼻炎だしねっ
フフフ
鼻がつまらないわけがない
答え：新生児はとりあえず綿ぼうでヨシ
あれもこれもっ
足りないよりはっ
…どうにも初めてのことだとまいあがったり、不安になったりしてとにかくなんでも多めに、余計に買ってしまいがちですが
ミュー
1ケ月間はほとんど乳のんで寝てる生活ですし
足りなかったら誰かしら買いにいってもらえば
少なめでいいや
…くらいに思ってた方がいいかも（日用品だからなけりゃないで何かで代用できるし）
ほ乳びんもとりあえず1本にしとこ
ミルクは病院でサンプルもらえるみたいだし
ミルク
…ねえねえ…
ちょっと質問が…
メモ

コンドウの こぼれコラム

何を買うかでバタバタ焦っていましたが、新生児の間は、そう外に出ることもないですし、最低限のものを用意しておけばいいかと。子どもはすぐ大きくなるし、生まれた大きさによっても、全然使えないものが出てきたりするので。実際トリペは結構大きめだったので、お祝いでもらった靴下はまったく入らなかった…。

この"テニスボール"って何…?!
ああ!! それはねっ
出産体験 聞いてた時にね…
先パイ
何が痛いって肛門あたりが痛くてねっ
オロ
オロ
くく
ダンナさん
いだいー 何か硬いモノで押してエエエ~
ぐっ
…とりあえずそこにあったリンゴで押さえてもらったんだけど~
テニスボールとか硬いモノ用意した方がいいよ…
リンゴはねー ちょっと硬さがねー
リンゴ?! テニスボール?!
…って助言をもらったから!! 絶対いるんだよっ
よく分かんないけどっ
あ…そ…そう…
何それ…

コンドうの こぼれコラム

生まれてから、必要なものなどもおのずと分かってきます。それから足りないものを買い足してもよかったかな～と思います。さて、ここで私の用意したテニスボールは功を奏すのか…こうご期待！

第8話

妊娠9ヶ月!
お産直前、
バースプランを考える

ぼ〜や〜
……

コラッ!!
手が止まってるっ
はっ
そうじ中
にゅっ
里帰り出産の荷物をまとめ中
うっ
どうしよう まだ全然 おわってない…
……
キリキリキリキリ
まっ白
よく「出産間近はゆったりした気分でのんびり過ごしましょう」とは聞くものの仕事がたまっている私は正に
"宿題がほとんどおわっていない小学生の8/25"の気分

移動は飛行機です
予定日はいつでいらっしゃいますか?
何週目でいらっしゃいますか?
何週目だっけ…?
9ヶ月です
出産予定日より28日以内の妊婦さんの搭乗は、「診断書」や「同意書」が必要になるので、自分が何週目かを告げる必要があります
主だった荷物は先に送ってしまい
仕事用PCを運んでもらうため、夫に同行してもらい…
パワーブック
いざ実家へGo!!

妊娠９ヶ月。この時期に、飛行機を使って里帰りしたい人は、前もってよく調べておく必要があります。というのも、妊娠36週以降（国際線だと32週以降というところも）の妊婦が飛行機に乗るには、産婦人科の医師の診断書がいるからです。38週以降だと医師の付き添いも必要になったりするようですよ。

コンドうの
こぼれコラム

少し前に余裕がある
お席をご用意できます
席も前方に人がいない場所だと
足を少しでも楽にできるのでオススメです

ピンポン～
ご案内致します
3歳未満の小さなお子様連れの方
ご妊娠中のお客様は、搭乗口にて事前改札を承ります
そして…

へーっ
事前に搭乗できるのかあー
行っちゃお♪
ねェねェー
それってボクもいいのかしら…
ちょっと嬉しい事前搭乗♡
大きなお腹で人混みは大変だからね…

飛行機キライ
こんな鉄のカタマリ‼
飛ぶなんてありえまち
ガチ
飛行機は結構慣れている私だったが

突然の吐き気
オプ

ガ
ばっ
ゲロ袋

コンドウの！こぼれコラム

妊婦生活もここまで来ると、近づいてくるエックステーにビビリながらも、気持ちが落ち着かない日々が続きます。存在感の大きすぎるお腹、どうにも動きづらい体、ぼうこうを圧迫する赤子…。

揺れているため動けない
大丈夫ですか?
あうえええ
2袋目
… 約20年ぶりくらいに飛行機で吐くほど酔いました… やはり妊婦はちょっと酔いやすいようです…
うおえええええええ
ちょ…っ大丈夫?!
…吐いた…
かあちゃん…
迎えにきてくれていた母
やっと の思いで、乗務員の方にいただいたアメをにぎりしめ飛行機を降りる
……
コクン コクン
ニヤッ
……
コクイ…
冷や汗
心配してくれる乗務員の方に余裕を見せようとゲロ入り袋を持ったまま笑顔でうなずいてみるものの、顔色が悪すぎて逆効果
えーと
これで陣痛くるまで仕事できるよ
…ありがとう
うっうっ
実家に着き、夫にPCなどを設置してもらい
お母様、吐きました。私2回
ハイ、コレお土産
おつかれ!っ元気そうやんまた変なかっこうしてー
がくっ
ハハハハハ
アメ
… 相変わらず母は元気であった…

コンドうのこぼれコラム

医師から安静を言い渡されていない妊婦さんは、この時期は、無理しない程度に動いたほうがよいと思います。動いていたほうが、気持ちも晴れ晴れとしますから。

ギャハハハッ アンタ何コレ!! この大きながま口!!
変なのっ
ゴーグル どうするん?! コレ!!
ババハ
それは保冷できるカバンで…
マタニティスイミングを…
海で泳ぐんか?!

母には、私が必死で荷造りした品を爆笑され

※オマケ※
その他笑われた品
テニスボール
くるぶしまでのくつ下
多すぎっ
大量の妊婦雑誌
変なTシャツ

がま口バッグ
プリンター
雑誌
PC
座イス

なんかいそうろう感あふれるなァ…

そうこうしているうちに
母の寝室の片スミに
私のオフィスは出来あがった
のであった…

ところで
…もう一度お伺いしますが、立ち会いは…
帰る前に確認…
きっぱり
しません

夫に今一度、立ち会い出産の希望を確認

病院から渡されていた
バースプランを記入

出産に対しての
希望をかく
出産計画表

★私の病院は
アンケート形式だった

- □ 立ち会い出産を希望するか
- □ 計画分娩か自然陣痛を待つか
- □ ラマーズ法か ソフロロジー法か
- □ 会陰切開について
- □ 必要な時の薬使用はOKか
- □ 吸引・かんし分娩について
- □ 赤ちゃんをすぐ抱っこしたいか
- □ 母児同室にするか

…などなど色々と項目が
あるのだけど(病院によってまちまち)

コンドうの
こぼれコラム

お産を現実的に考えるのは、やはり「バースプラン」を改めて考えたときですね。最近はお産を「自ら行うもの」としてとらえ、出産方法、入院時の処置、陣痛中のあり方、分娩室での希望…などなど、産院によっても差はありますが、お産の内容を産院と一緒に考え、プランを立てていくことが多いようです。

私がどうしても希望したかったこと
カンガルー抱っこ!!
※カンガルーケアとも言う
出産直後の赤ちゃんと直に肌をあわせ抱っこするケア
イメージ図
たまにバースプランがあわなくて産院かえる方もいらっしゃるそうなので注意
ホッ
上記の希望は叶うそうなのでOK
無事帰られてよかったですね
経過も順調ですか?診てみましょうね
ハイ
バースプランと紹介状を持って転院先の先生のところへ
これー足ですよ ホラホラ
?
?
も子宮いっぱいいっぱいになってしまっているので、全体を1度には見られず、色々な部分をそれぞれ見ることに…(とはいえ、あまりよく分からない)
順調ですね
子宮口もまだまだ開く感じがみられないので予定日頃へでしょうね
私はその頃から疑問があったのだ…
ちょうどその頃、同時期に出産予定の友人たちから
子宮口が開いちゃって入院…
お腹よくはってたの…
原因は様々
という話をよく聞いていたのだ…
子宮口が開く?!って何?!

バースプランがどうしても合わなくてモメる場合もあるようです。が、私が希望した「カンガルー抱っこ」は導入している産院も多く、バースプランについて思い悩むことは、ラッキーにしてありませんでした。

コンドうの！こぼれコラム

開いてるらしいけど予定日近いからいいみたい
エヘ
スイミングの友人も…
えええーっ
大丈夫なの?!
陣痛とともに子宮口が
開くと思っていた私はびっくり
全然!!
内診して先生から聞いたの
おしるしとか、破水もないの?全く分からないの?
子宮口開いてるから
入院して安静にしましょう
ぞーっ
(想像図)
本人も気づかない子宮口の開き…
内診で分かって即入院になる人もいるそう
お腹のハリ具合もあるらしいけど
しかし
やはり何があるか分からない…
それが妊娠…
油断禁物だね
あづい…
ギラ
ギラ
ギニ
ギニ
真夏日の中、汗だくで会場へ向かうと
えっと
順調なら…院内に案内されていた
マタニティビクスやっていいですか?
いいですよ

コンドうの こぼれコラム

バースプランといえば、はずせないのが「立ち会い出産」を希望するかしないか。最近は希望するご夫婦も多いようですね。私はというと、お産は、助産師さんが「男はあっち行ってな!」という感じの「いなくて良し派」で、夫も「できれば立ち会いたくない派」だったので、何の問題もなく意見が一致しました。

若干パンチ
ハイッ
よーいお産に向けてがんばりましょーっっ!!!
ぎょっ
'70年代ジャニーズのような感じのミャッキリおばさん先生が汗だく妊婦を迎えてくれた…
はい右ーっっ
ヒィヒィ
はいっ左ーっっ
ドタ
バタ
…そして結構ハードであった…(私には)
ニコッ
初心者なので一番前
先生の光る汗と笑顔を見ながら
体が重いっ水中に戻りたいっ
と思ったものの…
その日の晩は
ぐぅ
このところ、お腹の重みやハリで眠りが浅かったのに、見事撃沈…
やっぱり体を動かすとスッキリ!!
眠れない…ストレスがある体重増加の人にはオススメ!!
ウフフ
子宮口トラブルがなくてよかったなあ♡
…と自分の子宮口にラッキーと感じているのも今だけ….

コンドウのこぼれコラム

立ち会い出産をしたら、夫は貧血で倒れそうな気がするんですよね。それでもって、それを見ながら「この役たたずめっ!」とか叫びそうな気がするんですよね、自分。夫も、その想像はかなり当たっているだろう、とのことでした。ただ陣痛中は励ましのひと言はほしいので、すぐ駆けつけるよう念を押してみたりして。

第2章

トリペと

出産!

~未知なる体験に挑む~

第1話

臨月突入! いつ生まれても おかしくない

深夜….
ぐぅ ぐぅ

カッ
突如目を覚ます妊婦
だだだだっ
尿意である
また トイレか…
だだだだっ
あーあ… 30年寝太郎と
呼ばれたこの私が…
おしっこに ふりまわ される なんて…
ハ〜…
ヨロ
3時間に1回はトイレに起きるので
正直しんどい

いつ生まれてもおかしくない、妊娠10ヶ月。単独行動を避けるようになりました。…遠出とかしていて、「うっ!」とかになったらと思うと、びびってしまいますからね…。出先で破水なんてした日にはどうしたらいいの、と思い、ちょっと遠くに出かけるときは、バッグにタオルを忍ばせたりしました。

コンドウの こぼれコラム

3回目とか
もうフラフラ
ヨロ
ヨロ
しかもトイレは1階にあるので毎晩結構よい運動になっている
じいちゃんが気づかずにふんじゃうかもよ
…もうトイレの前で寝たいんだけど…
遠《トイレ》い……
スーパーでお買い物
ファ…
はくしゅ
ジョバッ
な…
なんか出たっっっ
サー!..
あ…あの…お母様…何か今出ました…
あわわわわわ
?
出たって何が…
今…ジョバッてちょびっと何か出たっっ
あわ
破水かもしれないっ
あわ
…おしっこなんじゃないの～?!

コンドうの
こぼれコラム

スーパーでの破水疑惑の一件。大事に至らなかったというか、勘が当たっていたのでよかったですが、疑わしきは電話しろ、が鉄則です！　たまに本当に破水してて、大変な目に遭っている妊婦さんもいらっしゃるようなので…これは本当に、電話をおすすめいたします。

まさかっ
おしっこはさっき行ったばっかりだもんっ
全然尿意とかなかったんだよっ
それでも出る?!
……じゃあトイレで見てきなよ〜
ねっねっ破水だったらすぐ病院つれてってよ
タオルとかいるかなっ
尿との区別つくかしらっ
牛乳んとこあたりいると思うから〜
ハイハイ
W.C.
でけ
でけ
でけ
トイレに走りながら
トイレに入り、ひとまず血液でないことにホッ…
じゃあどっちかしら
判定中….
におい?
量?!
色?
?
水
尿
はたして尿と羊水のちがいが分かるのだろうか‥?! と思う

コンドうの こぼれコラム

ただ、後に破水も経験した身で言いますと。羊水は、なんというか、非常に生温かく、「あ〜、これは尿ではない」とハッキリ分かりました。ちゃんと分かるものだなあって。だからあまり心配しすぎないでくださいね。

でけ でけ でけ
どうだった?
尿だ!!とも断言できない
…けど、尿じゃない!!って
感じはしない
うむー
じゃ尿でしょ
くしゃみと一緒に出たんだし
きっぱり
なっ…見てないくせにっ
ちょっと考えてよっっ
疑わしい時は病院行くんだよっ
ホントに?!
分かるってー
変だって思うさー
大丈夫大丈夫
ハハハハハハ
ゴロゴロゴロ
この人ホントに頼りになるんだろうか…
……
ちょっと…
夫といい…私のまわりはもう…
にゃー
あっおさとう安い♪
ラッキー♪
…とりあえずもう少し様子みてみるか…
明日健診日だし…
もう1回出たら絶対病院行こっ…
…とハラハラしていたものの、その後
全く何も起きず

コンドうの こぼれコラム

そしてまさかの尿モレは、この１回だけでした。今でも何で出たのか分かりません。まったく尿意はなかったですし。尿意を我慢するからモレるんだと思っていたのだけど、そうじゃなかったんですねえ。

羊水、大丈夫ですよ。でも また心配なことあったら、
すぐ電話くださいね
尿モレ
ガーン
翌日の健診（この頃から1週間に1回となる）で無事、尿であると判明
仕事おわるかな…
いや～しかし予定日まであと2週間か!! ドキドキするぅ
アキちゃんっ
↑スケジュール帳
赤ちゃんできる日まで そうないんよっ 入院準備 できとるん?!
生まれる
3日に1度は言われている
だ… 大体は…
ぎくっ
もう下まで 荷物を おろして おきなさい
今日中に!!
はーい♡
OK! OK!
そうだよね!! もう20日きってんだから そろそろ やるか…
明日くるかも しんないし… バカだなァ あたし…
ゴソ ゴソ
……
送った時のまんま
ちら
……
買い足し分

コンドうの こぼれコラム

マタニティスイミングの先生が、「尿モレ防止にこの運動をしなさい！　アンタ達笑ってるけど、絶対この私のことを思い出すときが来るんだからねっ！」って言っていたのですが…先生。本当に思い出しました。笑ってすみません。…まあ、あんなに赤子が圧迫してるんだから出ても仕方ないですね。出るときもあるさ！

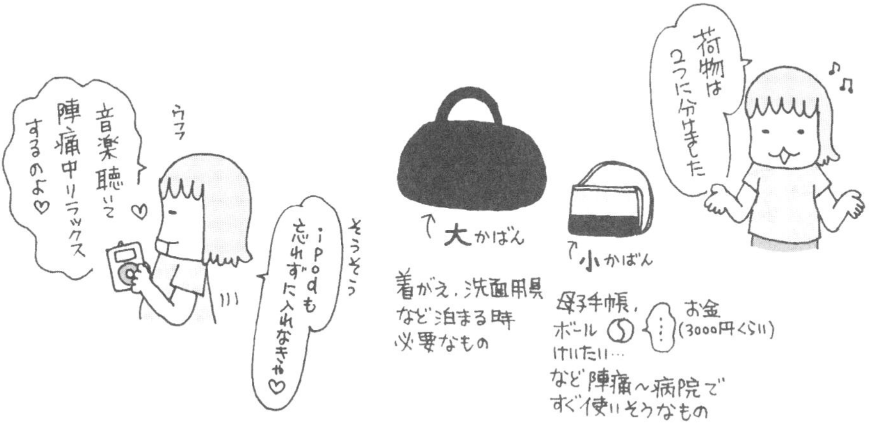
荷物は2つに分けました
↑大かばん
着がえ、洗面用具など泊まる時必要なもの
↑小かばん
母子手帳、ボール
お金(3000円くらい)
けいたい…
など陣痛～病院ですぐ使いそうなもの
ウフフ
音楽聴いて陣痛中リラックスするのよ♡
そうそう
iPodも忘れずに入れなきゃ♡

おにぎりなんて食べらんないから飲めるゼリーとか持っていきなっ
↑スイミング仲間
…というわけでウイダーinゼリーも……
とりあえず1つね…
パンッ パンッ!!!
できた♡ これでいつでもOK♡
…あとは母がいる日に来てくれるといいんだけどなー
秘かな願望…
車出してもらえるし…
…めったにいないけど
勤務表
母、夜勤、妹不在の真夜中はさけてくれー
ビビリ
…などと勝手なコトを祈る中
荷物もでき、仕事も一段落…
という、予定日6日前…

コンドウの こぼれコラム

「ウイダーinゼリー」。これ、陣痛のときには非常に役に立つんですよ！　入れておくといいですよ！　担当編集者（2児の母）は、「リポビタンD」が、いい陣痛がくるおまじないになると聞きつけたらしく、10本も買って出産に臨んだと言ってました。4時間で生まれたのは、そのおかげかも？とのこと。

真夜中3時
ぐぅぐぅ
パチ
な…なに…?この生理前みたいな微妙な痛み…
まっ…ましゃかっ
ギゅぅ…
ぎゅ…
陣痛かぁ?!
がばっ
でぁえ〜 でぁえー
もう訳が分からない…
陣
金
と…っとりあえず間隔をはかってみよう…
今、何分よ…
わたたっ
ピカ、
きたっ
サカサカ
くる時間、おわる時間を数回分書き出してみる…
ぴったり10分間隔!!!
ガーン

コンドウの こぼれコラム

陣痛。これも、破水と同じく、本当に自分が分かるのか？　間違えないのか？　気になるものですよね。経験したことのない痛みが、本当にそれと分かるのか…。でも大丈夫。だいたい、分かるものです。

うーんどうしよー…初産は10分間隔で陣痛きたらTELして病院だっけ…
ご飯どこでいつ食べよ…
シャワー夜中にあびていいかしら…
いつでもご飯の心配は忘れない私…

…母も準夜勤でさっき帰ってきたばっかで起こすのもなあ…
うーむ
電話したら起きるよな…
疲労…
ぐが〜
悩む妊婦

ひとまず病院にTELしてみる？
でも夜だもんなー人足りてないだろうし…
痛みも余裕だし…
そんなんでTELしたら悪いよなー…
でも10分間隔…
想像していた痛みとあまりにも違うので迷ってしまう…
死ぬー
ワギャー
もうだめー
TVより

よっしゃ!!
…今より痛くなったら行こうっ
朝までもうすぐだしっ
…と1度は思い寝てみるものの

…もともと生理痛がひどいから痛みに慣れてるだけだとしたら…？
ウ○コとまちがえて産んじゃう人もいるって聞くし…
もん
もん
もん
うーん
もん
もん
当然眠れるわけもなく…

コンドウの！こぼれコラム

生理痛のような、陣痛にしては微妙なこのときの感じ…。今思うとこれは、「前駆陣痛」だったのかもしれません。いわば、陣痛のリハーサルのようなもの、だったのかなと。

第2話

陣痛1日目! これはまだまだ序の口だった

夜型
に
メール送って
みたりして…
うーむ…
ひき続き
悩み中…

…そうこうしているうちに

W.C.
陣痛
エイ
…ったく私のぼうこうは…

またいつもの尿意におそわれ
陣痛どころではなくなる私…
トイレで万一のことがあっては、と思い
母に申告しておくことにする

あの一…寝不足のところ悪いんだけど…
んー?

…自信ないんですが陣痛らしきものがきてるんですが
いつからっ!? 間隔は!!
シャキッ
がばっっ

…3時頃から10分です…
…さすが職業柄 覚せい早いわ…
今何時っ?!
もうすぐ5時かな…

コンドうのこぼれコラム

陣痛初日。初めての経験に、とても悶々として過ごしたものでした。

それでまだそう痛くないけど 10分間隔… どう思う
ほんならまだなんとちゃうう?
あっさり
…だよねー… じゃトイレ行って
もう少ししたら起きて考えよう
まずは尿よ…
うんせ
ん?
ギク
!!
すごい うっすら だけど…
これはっ…………
おしるしっっ
行くぞー 行くぞー
わた わた
わた
わた
わた
だだだだだっ
※おしるし…血の混じったおりもの
お産が始まるサインのひとつ

コンドうの
こぼれコラム

出産の兆候のひとつ、おしるし。これが来たら、いよいよ出産!と、いやが上にも気分が高まります。とはいえ、出産の数日前に来ることもあるので、すぐ出産というわけではないみたいですね。

考えてる場合じゃないわっ
おしるしきたわよっっ
用意するわよっ
バーン!!
えっ
とにかくっシャワーあびてくるっ入院前はシャワーよ
その後朝ご飯っ
ハイハイ
キリッ
"入院の前に余裕があればシャワー"という妊娠本の1文を忠実に守る私
ちなみに
その頃の夫
陣痛キタ
至急キタレ
ギョエーーッ
ハイ…3時頃から…
シャワーをすませて、ご飯を食べ病院に電話して…
のんき
じゃちょっくら産んでくるわーー
いざ、病院へ!!

「入院にはまだ早いって、帰されちゃいました。テヘ」とかいう記事をよく雑誌で見てたので、「あ〜。これはたぶん、帰されるな」と思いました。陣痛の痛みってこんなもんじゃないはずだし…。分かってはいたのですが、気づいたら頭が見えていたという妊婦さんもいるので、おかしいと思ったら受診したほうがいいです。

コンドうの！こぼれコラム

えっと3時から
10分間隔…
初産ですね〜
おしるしは?
5時頃
確認しました
横になってください
陣痛の強さはかりますね
病院ではまず分娩監視装置がつけられて…
……
み〜
ヒマだ…
30分ほど安静に…
う〜ーん
コンドウさん
お腹いたくない?
特別には…
生理痛の弱いのかな〜ってくらいで…
…そう〜
う〜ん
…いい陣痛
きてるのにな〜…
ぼそっ
それから1時間経過し…

コンドウの
こぼれコラム

ただ、あの分娩監視装置では、なかなかいい陣痛が来てるって判断されたんですよね。あの機械…本当に確かだったんだろうか??

あらまっ どしたん どしたん？
帰らされちゃったよー
エヘヘ
入院まだだろうって…
痛くなったらまた連絡してって…
特に痛みが強くならなかったので
もう少し家で様子をみるように、と
帰らされることに…
今日入院だと勤務休みでいいのにねェ…
ねェ
夫
も昼前に着くことが分かり
のんきにオヤツを食べていると…
あがっ
ずむーん
突然今までとは違う本格的な痛みが…
きた…コレは…
痛いわっ
えぇっ
なに急にっ
タロさん もう少しで着くから お迎えがてら病院行こう
うーん
うーん
ぐがー
痛みに急にうずくまった私を見て

帰宅後、わりとすぐに本番の陣痛はきました。最初は私の場合、「腹立たしい痛み」でした。よく聞く、立ち会いの旦那が役に立たず怒鳴った、という陣痛のエピソードもちょっと納得。

コンドウの
こぼれコラム

アキちゃん
どしたんじゃ?
痛いんか?!
オロ
オロ
!!
アキちゃん!?
里帰りして2ケ月、全く私のことを
覚えておらず、会話もロクにできなかった
祖父が私を呼んだ
じいちゃんがな、背中さすってやるから
こっちおいで
おじいちゃん
アキちゃん
赤ちゃん
生まれるの
大丈夫よ

じいちゃん!!
ぶわっ
骨と皮で、歩くのもやっとのじいちゃんの
手はとってもあたたかくて
さす
さす
うっ
うっ
ああ、じいちゃんは私のことを
全部忘れちゃったわけじゃないんだ…

さす
さす
ヒーン。
じいちゃんの手で痛みが楽になって
ありがとう!!
もう大丈夫!!
じいちゃん!!
ぐいっ

コンドうの
こぼれコラム

お産間近の動物が気が立っているのと同じで、出産間近の妊婦は超イライラモード。何だろう、あの腹が立つ痛みって…。

……
何が…?!
……
もう忘れてしまった
…じいちゃんが忘れてしまっても
私は今日のこのことを絶対忘れない…

そ…そうね
…今のうちに病院に電話するわ…
涙が乾くのは早いのう…

えっと痛みが強くなってきたので受診したいんですが
分かりました。あと何分くらいで着きますか? 30分?
到着
迎えに行って
そのまま病院…
イエ…1時間くらい…?ハッキリしません…
え!?1時間?! 分からない?! 遠いんですか?!
どこにいるの? 今!?

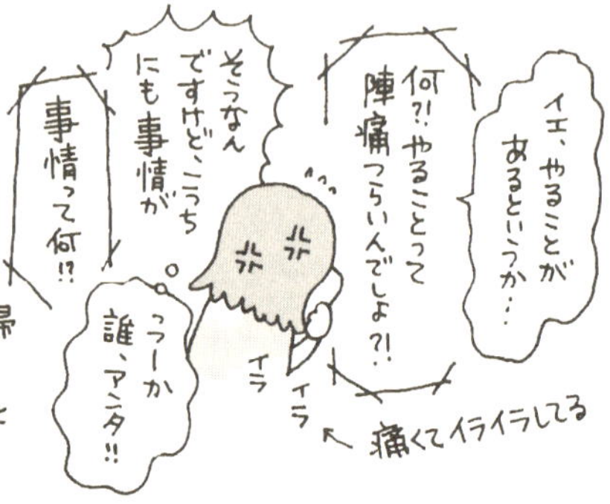
イエ、やることがあるというか…
何?! やることって陣痛つらいんでしょ?!
そうなんですけど、こっちにも事情が
事情って何!?
っつーか誰、アンタ!!
イラ
イラ
痛くてイライラしてる

… 今、思えば何て要領を得ない妊婦なんだ…と思うのだが、当時は「夫を車でピックアップせねばならない」と頭がなぜか決めつけていたのだ…
後でタクシーで来てもらえばいいのに…

でもまだまわりを見る余裕があったようで。「陣痛が来て痛いから、一刻も早く病院に行きたいのに、アイツ（夫）はこの一刻を争う状況で、おしっこ行ったりしてるんだろうな」とか冷静に判断できると、もう腹立たしくて。そして、夫の行動が、思い切りそのとおりだったりして（笑）。

コンドうのこぼれコラム

ゴォー
ああ…飛行機怖かった…
ヨロ
ヨロ
さて…空港…
トイレ行こう…まず…
お迎えとかあるのかしら…
それとも入院したのかな…
ババーン!!!
あっ…
2ケ月ぶりの妻!!
オー…
遅いっっっ
ヒッ
あーっ腹痛いっっ
到着してからここまで何分かかっとんじゃ!!
オシッコ行ってる場合じゃないんじゃ!!
ガルルルル…
はよ出てこんかっ
野獣
お見通し

コンドウの
こぼれコラム

まあ夫にしてみれば、夜中に起こされ、朝イチで出かける用意をし、苦手な飛行機からやっと地上に降りて、２ヶ月ぶりに妻を見てみれば鬼の形相でキレている…。「いったいこれは？」ってなりますよね。でも、「先に病院に行けばよかったのに」なんて夫に言われた日には怒り心頭、速攻夫に詰め寄ってしまいました。

お疲れだったでしょう… 揺れなかった?
ごぶさたして…そしてこれは一体…
ごめんなさいね… あのコ、1回病院から帰ってきてて… 今からもう1回行っていい? このまま…
ハイ…
…先に行ってれば よかったのに…
ピク…
あ～たが1人行き違いになったら困るだろうと思ってわざわざ来たのにっ
くるっ
イラ イラ
ズンズンズン
何、そのコトバッ
そ…そうね ゴメンゴメン…
さー行こうっ
まだ状況に乗り切れていない
ねェ… 痛い?
シャーッ
痛いに決まっとるじゃろうっ
ブー
ひた走れ!! いざ病院!!

コンドうの こぼれコラム

陣痛がきた妻に寄り添う旦那様へ。妻との温度差は、かなりのものですよ。無防備に近寄って、大やけどしないように。「妻は今、出産間近のライオンなのだ」と思えば、無駄に噛まれることもありませんよ…。

第3話

陣痛2日目! 入院までの遠い道のり…

えーと….
カポーン

僕はどうしてこんなところに…
ハハ
温泉です….

そもそもは1時間ほど前…
すみませーん~
さっきの電話の…
やっと来たー もうアナタ、電話で全然要領得ないからー
フーフー

あちらの部屋で様子みましょう
うぐー
病院へ着いたものの、まだ「入院」の決定は出ず…

陣痛中
フーフー
陣痛きてもすぐ生まれるんじゃないんですね…
帰らされるとねーがっくりよ~
ある一室に通されて、まず
そこで進み具合をみることに…

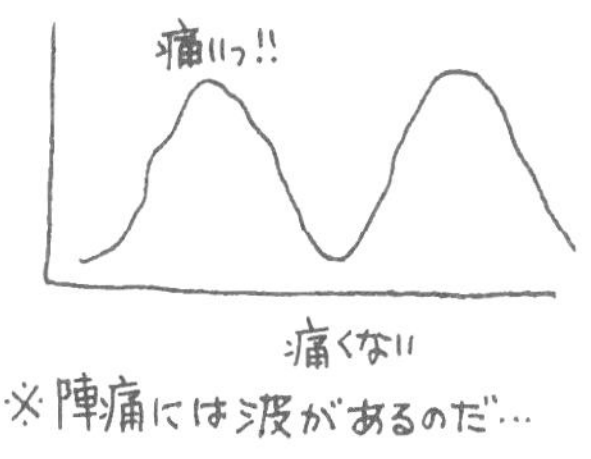
痛いっ!!
痛くない
※陣痛には波があるのだ…

コンドうの こぼれコラム

入院がこんなにも遠いとは…。正直、思ってもみませんでした。確かに、最初の夜の痛みはね。たいした痛みじゃなかったし、前も言ったとおり、「これは帰らされるだろうな」と自分で分かりつつ、でも初産だし一応診せておくか、という程度だったのでいいのですが、2回目は結構痛かったのに…。

そこへ医師登場…
やあやあ
どう？痛い？
え!? まあ… それなりに
…声出るくらい？
声?!
は?!
……
声…
分かんないなら いいや まだまだだな じゃーねー♪
ムッ
アンタだけ分かってどーする
… 男性医師ののんきな態度にムカッとしながらも、まだまだ生まれないことを悟る…
あの先生、院長先生かしら
かっぷくはよかったですよねー
……

子宮口はリラックスしていたほうが開くそうです。それで、「まだだから、家に帰りなさい」と言われたんですね。病院にいると、どうしても構えてしまうから、お産の進みがよくないみたいで…。

コンドうの こぼれコラム

…ねエ… 何か食べにいってきてい～よ～
まだまだみたいだし…
あっ それなら
タロさん、近くに温泉あるから行ってきたら
お疲れでしょう
ええっ
何でこんな時に!?
あ、そうしなよ それがいい!!
こちらの土地に来たら温泉に入らなくてはいけない!!と思い込んでいる（おもてなし）
大丈夫!! なんかあったらメールするから
陣痛中
く～きた～
大丈夫ですから!! さあさあ!!
えっ
えっ
なんかって何!? 破水とか!?
ホカ ホカ
…こんなことしてる間に生まれちゃったらどうしよ……
……
カポーン…
ん?!
ピカ ピカ!!
ケイタイ

コンドうの こぼれコラム

でもそんなの初産の私には分かるわけもなく。「まだだから」って何だよ～！ 「まだ」とか「すぐ」とかどうでもいいから、もうこの痛いお腹を抱えて移動したくないっ!! 頼む！ もうここで泊まらせて！」って本気で思いました。絶対すぐに病院に舞い戻ってくるのに…と思ってましたので。

まさか本当に生まれ…?!
えらい こっちゃあ!!
ばっ
マタカエル
デンワクレ
ムカエイク
……
ええええっ
また帰るの?!
すっごい 怒ってるぞー……
この すべて カタカナの とことか…
やだな…
そう… 怒ってますよ…もちろん
ええっ また 帰る?!
ウソッ
ハイ
ここに座っててもね 進まないから
お家で リラックスしてた方が いいですよー
★数値も大したこと ないし…
★分娩監視装置の数字

しかし…本当にまだまだだった。まだ五合目とかだった。家に帰ってしばらくすると、こ、声が…！

コンドうの こぼれコラム

昼間の痛くないのが"いい陣痛"で今のが大したことない"って…機械こわれとんじゃないか?!
ぐ…
陣痛中
家に帰って
テレビでも見て、リラックスしてくださいね
きっぱり
でも…
めったに他人に異論を唱えない母が…
おおっ
この痛みの中、テレなんか見れるかっフーの!!
…仕方ないね…タロさんひろって帰ろう…
ハー ハー
パタン
…というわけで….
ブー
怒りながら帰宅…
たくさん食べてくださいね!!
ハー ハー
大丈夫?!
…怒りながら夕食をなんとか食べたものの…
ぐわ～

コンドうの!
こぼれコラム

私、痛くても絶対声なんか出すまい、と思っていたんです。うるさいし、かっこわるいし、何より叫んだところで痛みは変わらないし。でも、出ちゃうんですよ、声が…。「ぐがーっ!」って。

ぐぎぎぎ

くいしばっても声がもれる…

ぐぎゃがわ〜

痛みはますます強く…

ぐらら…
フー
フー
声出る？
これかっ
あの昼間のデブ先生が言ってたのは…
失礼

あわわわ…呼吸法…
パラ
パラ

ぎゃおーんっっっ
きたーーっっっ
オロ
オロ
大丈夫?!
妹

声が… 止まりましえーん!!!

しかも真夜中…
さす
さす
フフフ
くるくるくるくる…

母が夜勤なので、現在隣室で
仮眠をしているのが分かっているのに…

普通の静まりかえった住宅地で、しかも真夜中。定期的に響く叫び声…。絶対、近所の人たちは、「あ〜、あの子、お産始まったんだ…」て思ったでしょうね…。

コンドうの こぼれコラム

夜中…
2:30
チッ
チッ
ぐ……
よ……
よし…
遠のいたっ
今なら降りられるっ
ガバッ
痛みの間隔がせばまってきたので
病院へ行くことに…
けっこうはやいやん
さっさか
さっさか
階段を降りて…
また陣痛…
ぐわー
夫
行けるの?!
勤務は?
起きてきてくれた
ちょっと代わってもらったから
送ってすぐ行くわ
あきちゃん
ばあちゃん行ってくる…
痛みはそんなもんじゃないんよっ
まだまだこれから!!
ガーン
ファイトッ♪
あとあんまり騒がんのよ迷惑だから
…優しいばあちゃんに
なんのなぐさめにもならない
励ましをもらい…

コンドうの
こぼれコラム

うわぁ。今更ながら、陣痛で叫んでいたことがめちゃくちゃ恥ずかしい。

よしっ 行こう
ハラ
……
妙な緊張感で静まりかえる車内で…
か細い音
ピプー
?!
ピプー
…主役の鼻がなる音…

わははっ この大変な時にっ
どっ
ピプーってピプーー!!
ピプー~
…もう どうでもいい…
はたして無事入院できるか?!
ピプー

コンドうの
こぼれコラム

お産って、思えばいろんな恥ずかしいことが満載で。そしてそのすべてのことが、ホントどうでもよくなるというか、痛みに比べれば恥とかどうでもいいし…となってしまう。こうして「産む」を通し、度胸ある母ちゃんになっていくんですね…。

第4話 陣痛3日目! せまりくる陣痛の波

本当にごめんっ
タロさんっ
どうぞ よろしく お願いしますっ
母は私を無事送り届けると…

アッキーー ファイト!!
仕事→
母ちゃんも な…
ハヤテのごとく 去っていった…
無事入院OKに…

さて、よくテレビなどでは…
そうよー 上手よ〜
ヒーヒー フー
がんばって、
ヒーヒーフー
…なんて、助産師さんや看護師さんと
呼吸法やってるじゃないですか…

どお〜?!
たまに来ても…

現実
ぐぎゃ
ゆゆゆ
オロ
オロ
放置

コンドうの
こぼれコラム

66ページで書いた子宮口のこと。あのころ、私の周りでは「子宮口が開いちゃって、お産まで入院」という人が続出していました。私はまんまとその事態は免れていて、自分の子宮口の固さに少なからず自信（?）を持っていたのですが。…とんでもなかった。

声かけのみ
あんまり声出してると疲れるだけで体力なくなるよー
出したくて出しとんじゃないわっ

しまった…もっとしっかりラマーズ法勉強しておくんだった
…と後悔しても後の祭り…

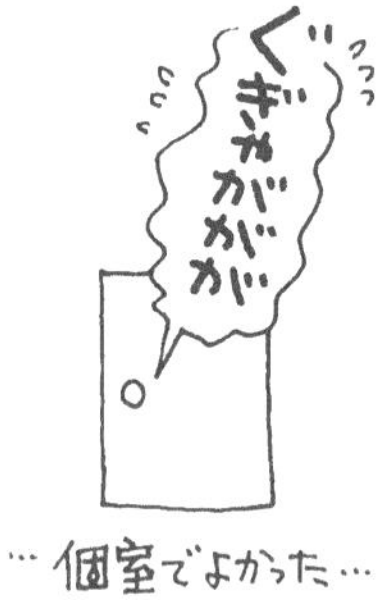
ぐぎゃががが
…個室でよかった…

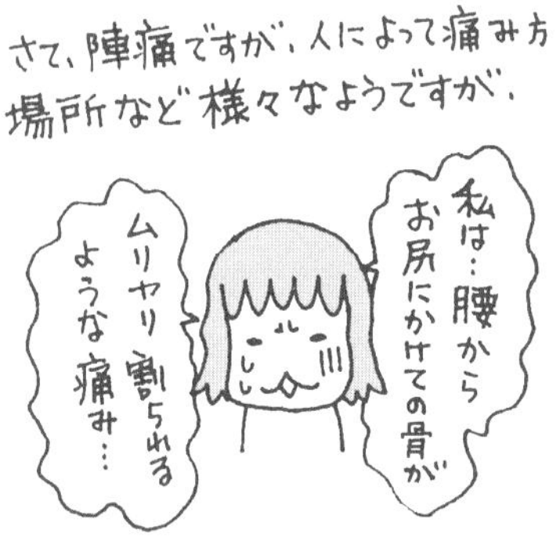
さて、陣痛ですが、人によって痛み方場所など様々なようですが、
私は…腰からお尻にかけての骨が
ムリヤリ割られるような痛み…

よく歯痛のときほお骨(?)押すと
ぐー
ちょっと楽なように…

テニスボール!!

コンドウのこぼれコラム

私の子宮口…ここまで頑なだったとは！　なっかなか、開きませんでした。自分的には痛みは結構ひどいのに、どんなに陣痛が来たところで、子宮口が開かないことにはお産は進まない…。自分で開こうと思って開けるわけでもない。本気泣きさです。

もっと強く……
ぐ
ぐぐ
ぐぐ
こんくらい?!

硬いもので肛門を圧迫してもらうと痛みが少し楽になる…

はいっっ

リンゴで押さえてもらって…
テニスボールとか用意してた方が…
先人の知恵
これか……確かに…

そんな余裕ねーっス
本

ちなみに"リラックスするため"のグッズは全く使わず…

手つかずの昨日の食事
ちょっとは食べないと倒れるわよーー

ピーチク パー

夜が明けて…朝がきても…

コンドうの こぼれコラム

出産準備品に忍ばせたテニスボールが大活躍するときが来たわけです。経験者の知恵には助けられました。とはいえ、すぐに役立たず→退場となってしまうわけではありますが。

ハァ ハァ
陣痛には波があるものの
軽くパニックなので、休みも分からず…

……
ぐがーっっ
不眠不休の飲まず食わず…

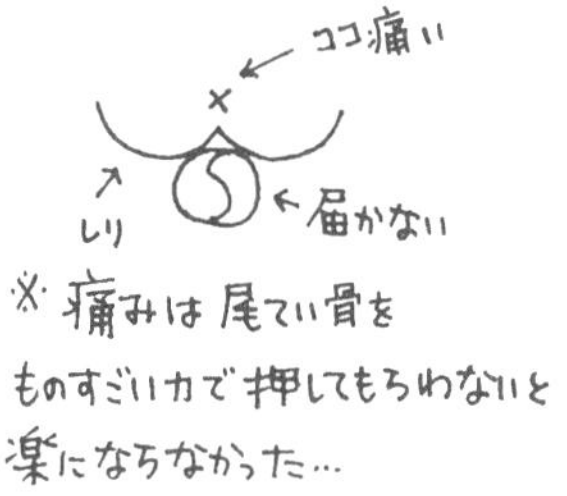
ココ痛い
届かない
※痛みは尾てい骨を
ものすごい力で押してもらわないと
楽にならなかった…

あのっ これだと大きすぎるみたいで… 棒とかありません?
ハァ ハァ
だんだん痛みは強くなり
テニスボールではピンポイント
に押さえられず…

そんな中…
わっ まだがんばってる!!
大丈夫?!
フラ
夜勤明けで母登場

ハイ これ使ったら?
ゴルフボール
…そんなの持ってるなら早く貸してください…

098

スイミングであれだけ練習したのに、呼吸法がまったく分からない！　練習どおりにと思っても、イマイチうまくできなくて、陣痛の波が来ると「グエ～！」と身を硬くしていました。あれほどリラックスしなさいと言われていたのに…。っつーか、痛みを抱えてリラックス、なんて無茶言いますよね…。

コンドウの
こぼれコラム

まあね
子宮口がなかなか開かないみたいで
とにかく何か食べんと…もたないよ
唇カピカピだし…
ハー ハー
←お休み中
タロさん、少しでも休んで!!
ぐぎゃ~~
すいませ~ん
ちょっとの間、選手交代

おっ?
その間、母に尾てい骨を押してもらったのだが…
キラ
キラ
尻押し名人
さすがっうまい!!
スーハー
同じ女だから?!
なかなかどうして、ツボを心得てるではありませんか!!

うわーん!! ごめん!! また仕事行く時寄るからっっ
タロさん よろしくお願いします~
仮眠とってすぐ仕事
お気になさらず…
…そんな即戦力もすぐ退場…
……
ぐらり
(もうゴルフボールでも楽にならず親指使用…)

コンドウの こぼれコラム

よく雑誌などに「陣痛中はリラックスするために、音楽を聴いたり雑誌を読む、好きなものを食べる」なんてありますが、ハッキリ言ってそんなことをする余裕、私には全然ありませんでした。何か食べるなんて考えられない。陣痛の私を救ってくれたのは、夫の親指と「ウイダーinゼリー」のみ…。

一方、レギュラー・タロウイチ

内診をしないと、子宮口の開き具合や
お産の進み具合が分からないので
大事なのだが… 痛いのだ…

出産を控えた方へ。呼吸法は、ぜっっったいに、身につけておいたほうがいいです！　練習しすぎるということはないです。呼吸法さえ手に入れれば、陣痛は数倍、楽になりますから。たかが呼吸法、されど呼吸法。ドラマで、ヒーヒーフーと言っているのはワケがあるんです。出産において必修科目だと思いました…。

コンドうの

こぼれコラム

よしっ
○○!!
よしっ?!
なに?!
何か器具の名前

?!
ぐりんっ

コンドウさーん
3cmほど
広げといたから!!
ぐりん…
ぐりんって…
あまりのことに声が出ない

デブ先生の粋なはからいにより
子宮口、6cmに開く…
(…死ぬほど痛かった…)

あんのデブ…
覚えておれ…
腰抜けかけ
ヨロ
ヨロ

午後になると…

ヒーヒー
フ〜
ヒーヒーフー
立っている方が楽だと気づいた

お産が進んでいるので、最初より痛いはずなのだが、呼吸法を身につけ、大分楽になっていた

生まれたかしら…
ハァ
ハァ
差し入れ

夕方になり母登場

コンドうのこぼれコラム

このデブ先生の頼んでもいない処置は、死ぬほど痛かった。初めて、人を蹴飛ばしそうになりました。が、これがなかったらどうなっていたんだろう…。ちょっとゾッとします。

うわっ まだやってる…!!
ヒー ヒー フー
タ…タロさんっ ちょっと休んで… ほら ハンバーグときしめん!!
ありがとうねえ…
ヨロ…
お産は…夫婦の共同作業
ブツ ブツ
なに このチョイス…
親指

ヒー
ヒー
フー

…意外に元気だね…
見直したよ…
スハーー
呼吸法さえ手に入れればこっちのもんよ!!
ほめられると伸びるタイプ
よかった!! これ、食べてね!!
また仕事なんだゴメン!!
さっ
大量のウィダーinゼリー
…お気になさらず…
うわっ また親指の出番…
ゴフッ
親指…休む間もなし…

呼吸法を体得した陣痛２日目からは、わりと余裕が出てきました。「あんなに声出すほどでもなかったじゃん」って。これが痛みの中でリラックスを手にいれるということでしょうか…。確かに楽になります。習得できてよかったけど…１日目、いらない恥をかいたなあ…。

コンドうの こぼれコラム

第5話

続・陣痛3日目！ ついにご対面!?

もしかしたら…
陣痛促進剤…
…とよく聞かれます
そんなに陣痛長びいて促進剤使わなかったの？
現在のワタクシ

3日目の夕方…先生が…
ばーん
ヒー
ヒー
…
ヒー
ヒー
なんだ。
元気じゃん
バタンッ
え…っ 何それ… そんだけ?! 何しにきたの…?!
…一言つぶやいて、一瞬にしていなくなったことがあったんですが… それが"促進剤を使うか、使わないか"の分かれ目だったのかもしれません…

コンドうのこぼれコラム

陣痛も３日目。陣痛が弱くてお産が進まないときなどに使用されるという、陣痛促進剤ですが、私はとうとう投薬されずじまいでした。意外と体力があった…のかも？　いや、きっと病院の方針でしょうね。それとも、陣痛は普通にきてるけど子宮口が開かないのには、陣痛促進剤は使わないのかな？？

そして1つ困ったのが…尿
うかが…
モーレツな尿意を抱えて、
必死にトイレへかけこんでも
なんでーーっっこんなに出たいのにっっ
出ない!!!
陣痛がまたきちゃうーーっ
ひーっ
陣痛っ
きたっ
ずむむむむ
ぎゃーーっっ
ひーひーふーーっっっ
大丈夫かねー?!
← 掃除のおばちゃん
おしっこが出ないの?!
ハイッ
何度がんばってもダメなんです…
苦しいので導尿してください…
↑ こんなこと頼むことになろうとは…
(痛そうなので、入院前は絶対避けたい!!と思っていた)

コンドうのこぼれコラム

陣痛中も、尿意は襲ってくるんですよね…。当たり前っちゃ当たり前の話かもしれませんが。陣痛の痛みの合間に、トイレに行って、用を足す合間に、痛みをこらえて、の繰り返し。今から思えば笑い話みたいですが、本人は必死でした。

圧迫されてるからおしっこがあるように感じてるだけだと思うけど…
…と言われつつ、やってもらった導尿…

出ず。
ひーん
絶対あるもん〜尿〜〜
生まれたら押される感じもなくなるわよ

第5話
続・陣痛3日目!
ついにご対面!?

コンドウさーん内診でーす
ヒー
ヒー
フー
そんなこんなで、陣痛が始まり、3日目の夜を迎えた頃…

進みましたね。分娩室に移動しましょう
キラー
キラ
キラ
ギャーッ
神《センセー》のお告げが!!!

歩ける?
1階上だけど…
ハイッ
歩いていくんかっ
ヤケクソ
電話をとってくれた看護師さん

コンドうの こぼれコラム

やっと、陣痛の痛みを逃す陣痛室から、出産に挑む最後の砦・分娩室に移れました。…廊下、でしたが。

やっぱりアナタのお産受け持つの私なのね〜
アナタが入ってきた時からそう思っていたの
えっ
アタシ勘が当たるのよ〜
もしかして…この方は…助産師さん?!
長くかかったわね〜
でも、あの後、私休みに入っておかしいな!…と思ってたらこういうことだったのね〜
おそらく、私を病室に案内した後
ほうほうの体で 分娩室に着くと
なに?!
えっ
うぐぐ…
いいのよー ゆっくりいらっしゃい
陣痛中
えっ そうなの?!
うーん
叫び声
ぎぎゃー
分娩室
分娩室
…
私が通されたのは…
…
えっ
フフッ
ごめんなさいね〜 分娩室いっぱいなんだって!! 今から簡易ベッド用意します

コンドうの こぼれコラム

廊下で進めてて…って!? やっとここまで来たのに、まだまだ遠い分娩室。なんてこったい。お産って、重なるそうですね。今日はあまりいないな、という日があれば、びっくりするほど次々と生まれる日もあるそう。私が分娩室に行ったのは、日付も替わりそうな深夜でしたが…昼とか夜とか関係ないくらいにぎやかでした。

あ゛あ゛あ゛あ゛あ
ぐわあぁあぁあ
コレ
カーテンつけましょっか
……
廊下であった…
ダンナさん、後ろから支えてマッサージしてあげてね
ハイッ
こうやってかな…?
こうやって…
ヒー ヒー フー
ヒー… ヒー… フー…
……
タロウイチ、ここにきて疲労がピークに達したもよう
ヒー… ヒー… んん?!
ずっしり…
はいっっ すみませんっっ
ハッ
ニャーーッ
熱いっっ よりかかるなっっ
……
ぐー
熱いってばっ
陣痛中は特にからだが熱い
ぐー
……
重いっっ
そんなやり取りをくり返した後…

コンドうの こぼれコラム

分娩室からは、他の妊婦さんの叫び声も聞こえます。人ごとじゃないんですが、その必死の叫び声を聞きながら「うわあ〜、頑張れ〜!」と祈ったりしていました。

お願い
そのベッドで寝てていいからジャマしないで
ハイッ すいませんっ
キレる。
まだかね?!
どんくらい入っとるん
一回家に帰った方がよかろか
カーテンの外では…

ワイ
父?
夫?
母?
叔母?
妹?
ワイ
分娩室の前にて、生まれてくるまで待ちくたびれた
よその家族が、大勢で大騒ぎ…

ギャア
どうする?! もう夜中だし…
ギャア
でも、もうすぐかも!!
ワア
帰る?!
ワア
…帰ってくれ…
うるさい…
スーハー
やっぱ出産につきそいって
1名でいいっスね… 人数が
いたって、別に早く生まれるわけじゃないし…
コンドウさん
今、装置でみてたら
いい感じに進んでる
から
シャッ

他の妊婦さんへの「頑張れ〜」というエールには、「頑張って、早く、私に順番を譲ってくれ〜」というのが半分、ありましたが…。いや、廊下ってね、落ち着かないんですよ…。他の妊婦さんの応援部隊とか結構通るし…たまるし…。

コンドうの！こぼれコラム

……
装置もみてるから
大丈夫 大丈夫 声も聞こえるし
ミャッ
急に言われましても…
深夜、急にイキみOKの指示が…
もう逃さなくていいわよ。少しずつイキんで進めてみて
ええっ
ココで!?
ひ〜
ぐっ
せまりくる陣痛にあわせて恐る恐る力を入れてみる…と…
え…えと…
きた きた きた きた…
ずむむむむむ
ギョッ
ずむっ
何か(ってトリペだけど)が動く…
う…動いたっ 下におりたっ
ひ——っ
やっぱ腹にいるんだ…
わかるのっ?! すごいっ

コンドウのこぼれコラム

今まで逃してきたイキみにいざ取り組むのは、正直、怖かったです。出ちゃうんじゃないかって…廊下で。力を入れると、ぐぐっと確かな手応えが。今まで胎動もあったし、超音波画像も見たし、頭ではトリペの存在を分かっていたんですが、このときほど「お腹にいる！」と実感したときはありません。

わあっ
ジャボッ
その後、もう一度力を込めていると…

破水だっっ
絶対尿じゃないっ 全然ちがうっっ
わあああああっ
助産師さぁーんっ
破水しましたぁっ
来てくださーいっっ
パニック…

ハイハイ 見てみましょうね〜
今っ ジジョバッて すごいのが
ワア
ワア
ああ来てくれた…
親とヒナの関係のようなワタシたち…

さっき2回ほど いい感じで 進んだでしょー
機械に 出てたわよー
そんなの 分かるとですかっ

あらっ 頭が見えてるわー
ええっ
なんでですとっっ

コンドうの こぼれコラム

10ヶ月育ててきた我が子がようやく出てこようとしている。うお〜！と出産という現実がそこに来た気がしました。破水は、生温かさが尿とはちょっと違うな、というのが正直な感想。でも私のようにドバッと出ず、チョロチョロ…と区別がつかないくらい少量ずつ出る人もいるそうなので、おかしいと思ったら病院ですよ！

第6話

出産!
はじめまして、トリペ!

思えば長かった……

先生がいいって言うまで絶対ガマンだよっっ
中でひっかかって裂けたりするよっ
キャ
キャ
キャ
2人の子の先輩ママ
……
……って……
先輩…教えは忠実に守りました…
やっと…やっといきめます…
この助言を胸にずっといきみ逃しました…
5分っいや3分私にちょうだい
まだ産まないで
まだですかあっ?!
分娩室前で寸止め状態…
押さえたいけど、さわっちゃったりしたらコワイので、手を近くにスタンバイ

コンドうのこぼれコラム

もう、出産から数年たちますが、本当に昨日のことのように思い出せます。トリペが出てきたあの日。すべてがドラマチックでした。廊下で股を押さえていた私も、「私に時間をちょうだい!」と叫んだ助産師さんも。

えっと…立ち会いは…
しません
きっぱり
そうだったわね
がっがんばってねっ
ファイトッ★
ほんじゃ…ちょっくら産んでくるぁ
よしっ用意できたっ
いいですよっコンドウさん
…というわけで…
出ましたっ分娩台!!!
こんなはさまった状態であの上に…
出ちゃわないかしら
ぞっ
これに座ってね
ババーン!!
はい、ゆっくり
ヒエ〜〜
さて… 私がいよいよ分娩台にのぼっている頃
廊下では…
疲労…
や…やっと(ボクは)終わった…
うつら
うつら
バターンッ

イキもうとした瞬間に「会陰切開する？」と聞いた先生も、廊下で気絶していた夫も…。怒濤のような時間だったはずなのに、なぜか鮮明に覚えているものです。

コンドうの
こぼれコラム

な…なか…なか…生まれなくて…
ヨロ
あ…っ立ち会いですか…?
ちょっと貧血気味…
?!
びくっ
ガターンッ
どさーっっ

大変ですねー
おたくも長くかかってるんですか?
ええ…うちは陣痛が長くかかって…親指で
こう…
○○さーんっ もう1回いきますっ 入ってくださいっ
ハイッ

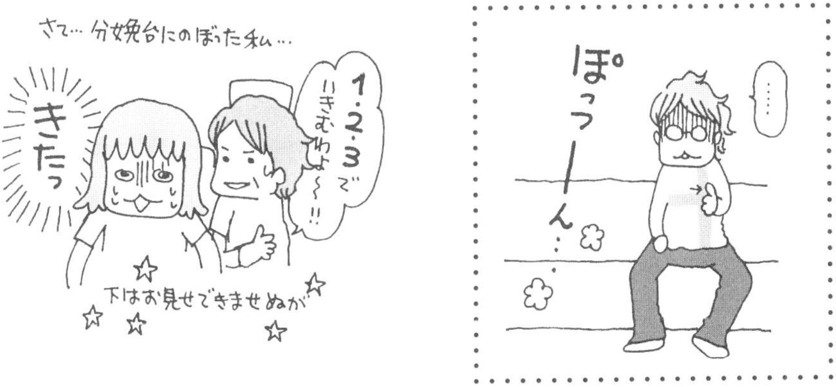
さて… 分娩台にのぼった私…
きたっ
1・2・3でいきむわよ~!!
下はお見せできませぬが
ぽっつーん…
……

コンドうの こぼれコラム

会陰切開に関しては、もともと特にビビリもせず、何とも思っていなかった私ですが。あれ、大丈夫です。正直、それどころじゃないですから。何も心配しないでOKです。

コーチ
苦しくなるギリギリまで息止めて
水中から上がったら息つぎ5秒でまたすぐもぐる!!
あのスイミング"水中座禅"の日々…
せっかく1回目、ぐーってふんばっても次、息つぎに時間かかってると赤ちゃんひっこんじゃうのよ!! そしたらまた初めからやり直し!! 大変よ!! 2回で産むのよっ 2回っっ
赤ちゃんひっこむ?!
何度もやってるとバテるから!! 短期集中よっ
分かりましたコーチ!! 2回できめますっ
ずおー
コンドウさん会陰切開どうする?
えっ?! バースプランにかいたじゃん…
☑どちらでもいい
え…っ どっちでもいいです… どう思います?
先生
フー フー…
まあ… 切った方がぬいやすいですけど
先生上手よー
おススメでしたら
お願いします
フー フー…
…あなた冷静ね!… 陣痛最初の方が大変そうだったけど
あの時はすいません

しかし、正直あんなにスイミングでやってきたことが功を奏すというか、役に立つとは思いませんでした。

コンドうの こぼれコラム

よしっじゃあ いきましょうっ
がんばって!!
もう、正直この辺から記憶はあやふや
フー… フー…
チクッ
会陰切開の痛みはホントに
分かりません…あのチクッとしたのが
麻酔だったのか、それとも切ったのか…
それさえも…
うまいうまいっ
↑ほめられた
ずおおおおお
5秒で最大の息を吸い込み…
を出す要領で…↑
何かの本で読んだ
ぬ゛〜〜〜っっっ
目は開けといて!! そう!!
限界まで息止めてふんばったこと
よし
あと1回!!
これで出しちゃおっ
これで最後っ
ぐぬぬぬーっっっ
すごいすごい意外に腹筋あるじゃん!!
↑ほめられっぱなし
渾身の力を込めて…

コンドうの こぼれコラム

…侮れません。マタニティスイミング。大人になってあんなに誉められたこと、あったかな…。まあ、誉めて伸ばす先生だったんでしょうね。

ギョッ
えっ
2回じゃないの?!
"2回で終了"と完全に思い込んでいた私は、まさかの3回目にびっくり…
え――っ
え――っ
おおおおお
3回目
ぬおおおお
あとちょっと!! がんばって!!
ぬおお
コエーーッッッ
あとちょっとったって!!
コワイコワイ
絶対裂けるっ
ムリッ
先生、ぬうの上手よ
長びいたらバテるから短期集中
走馬灯?
ええいっもう裂けてもええわいっ
ぐぬーっっっ
出さんことには終わらんっっ
もう顔は般若です
よしっ頭出たっ
もういきまなくていいよっ
短促呼吸!!
え…っ
短促呼吸?!
なんだっけ

本当に出す瞬間。初めて本当に「コワッ」と思いました。「いやいや、これ以上力入れたら、やばいって。裂けるって！」と…。でも、いずれはどうやったって出さなくちゃいけないし、もうやけくそです。あんなにやけくそになったことって、これまであったかなあ。なんでも思い切りって大事だなって思います。

コンドうの こぼれコラム

ほら、胸に手をあてて… 短い呼吸… ハッハッハ
ハッハッハッ
ああ コレか…
プールでやった
もう言われるがままの私…

そんな中…
よしっ 生まれたっ
ミーニ
見えない
ズルッ
ズルッという感触とともに
先生の"出産終了"の声…

日付が変わって深夜…
分娩室に入って15分…
!
ん?

ハイ!! 女の子ですよー
足
ポテ…
トリペ… 参上!!

ほ… 本当に 赤ちゃんが 出てきたっ

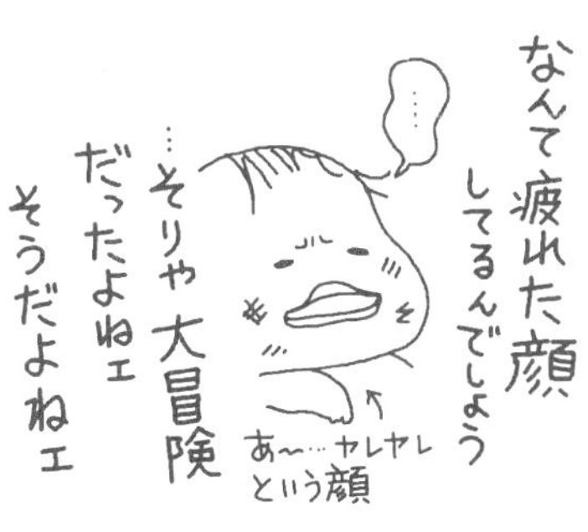
なんて疲れた顔 してるんでしょう
…
…そりゃ大冒険 だったよねェ そうだよねェ
あ〜…ヤレヤレ という顔

コンドうの こぼれコラム

長い旅をして出てきたトリペは、ホント「へとへと」って感じで。「オオ、マイベイビー！」というより「なんとも情けない顔してるなあ」というのが第一印象でした。そりゃトリペ、疲れていたよなあ。陣痛も長かったし…。

初めての娘との対面にかけた言葉…

はは… おつかれ…
泣いて…ない…のはいいの?!

ふぎゃあ はにゃあ

彼女が発したのは、不満だったろうか
喜びだったろうか

髪があってよかったね~
自分はなかった
はにゃ~

ポテンとのった、小さな重み…よく言われる
"生まれてきてくれて、ありがとう!!"
そういう感動よりも
ただただ、「お腹の中にいたのはキミだったか!!」
というおかしさ…

そして、父になった彼は
娘を見てどう思ったんだろう…

あの、主人は…
アナタ… 生まれたわよ… 見てる…?

廊下で待っている親族のために、生まれたら
映像がモニターで見られるようになっているのだ…

お父さんダメだ ソファで気絶してる
起こしても起きない…
あっそうですか… もうジャマにならないところに転がしといてください!!

やっぱり立ち会いにしなくてよかったと
強く思った瞬間…

あの妊娠中の日々。お腹を蹴っていたのは、一時期逆さまになっていたのは、10ヶ月もお腹にいて、一緒に生活していたのは、この人だったのか！　お腹にいた人が出てくるって、本当に不思議です。不思議で、おかしくて、もう笑っちゃうよ、というのが出産の感想でした。

コンドうの
こぼれコラム

第7話

後産！
今日から私はお母さん

晴れて母となった私…

トリペも連れていかれちゃったしねー…
……
バタバタ
なにやら忙しそう…
まだ分娩台にいます…
実はまだやるべきことがありまして…
後産!!
トリペが出て…
終る…
ホッとしてると
ハァ〜やれやれ…
お腹おすよー
胎盤出すからね
!!
ぐえっ
んせっ
特に痛みはありませんでしたよ
そう…お産はトリペだけが出てくるのではないのだ…

コンドうの！
こぼれコラム

出産について、母が「出た瞬間、スッキリ！ていうか、なんか気持ちよくなかった？」と聞いてきました。「ああ、この思いは30年近くたっても残ってるんだ」と思うと、また嬉しく思いました。

ちょっとチクッとするよー
そして…
会陰縫合!!
キャー
あたたた
冷静な分イヤな感じ…
チクチクチクッチクチク
…まあ普通にぬわれる痛みが…
もういい…適当で…
チクチクチクチク
母が会陰をぬわれている間…
はにゃー
トリペはキレイにしてもらったり…色々チェックされているもよう…
よしできたー♡
ハァ
ハァ…
何gでした～?!
3650gでーす
ええっうそー!!もう1回はかってよまちがいでしょー
わあ
まちがいって…
わあ
わあ
私も2回はかったんですよー
…何やら、トリペの体重でもめているもよう…

コンドうの こぼれコラム

出産後は、ほとんど３日寝ていないのに、なんだか妙に元気で、全然眠くありませんでした。真夜中なのに、いきいきしていました。反対に夫は、ボロぞうきんのようになっていましたが。

ほらー 3650g!!
さぶ…
ホントだ〜
…

……
あのー… 私はいつまでこうしてこのかっこうで…
㊙

…
3800以上
…
妹
トリペは今時にすると珍しく大きめだったらしいけど……
私たち姉妹からしたら小ぶりだ…

結構大きかったのねー 出てくる前は3000gくらいかなっと
思ってたんだけどー
推定体重はあてにならず…

赤ちゃんは後で連れていくからね
しばらくはベッドに寝ていてね
ゴロゴロ
おおっ手術した人みたいっ
いやぁ〜なんかすみません
やっと分娩台から下ろしてもらった私は、生まれて初めてストレッチャー✧にのせてもらい…

あー
やっと起きたか
あっご主人だ
おー
ゴロ
ゴロ

コンドウのこぼれコラム

この妙な元気って、もしかして動物的に「産んだ直後の子どもを守る」ための本能が働いているのでしょうかね…？　それとも、無事出産を終えた、興奮状態なのかな…。

かっこいーっ
すごーいっ 手術した人 みたいっっ
…夫婦で イメージが 貧困だな…
じゃあ いいと言うまで
寝ていてくださいね
はい
ごくろうだったねー
産後はしばらく安静にしていなければならないらしい…
尿が…
…しばらくって どんくらいかな〜…
トリペを産みおわり、冷静になったとたん、再び尿意がおそってくる…
今なら リベンジ できる 気が…
尿 尿 尿 尿!!
はっ
……
あっ ごめんごめん もう今日は 帰っていいよ
そっそう!?

会陰切開＆縫合の直後の尿。多少の怖さはあっても、それより尿が出ないほうがつらかったので、出てよかったです。

コンドうの こぼれコラム

あ…っじゃあ お疲れさまでした
妹にメールしたら あけてくれるから
深夜1:00過ぎ… 援軍退場…
コンドウさーん 具合、大丈夫ですか〜?
具合は大丈夫なんですが
傷の治りみてみますね〜
ワタクシ
トイレにいきたいんですが
えっ… おしっこですか?! ぬったばかりですよっ
大丈夫ですか?!
大丈夫ですっ そんなことより、きわまってるんです!!
もう出ますっ
じゃあ… この
洗浄綿で消毒してくださいね
キリッ

コンドうの こぼれコラム

出産直後のトイレ。痛いかな、とか迷うことなくすぐに行けたので、かえってよかったのかもしれません。1回やってしまえば、こっちのもんですからね…。

出産前…導尿までしても出なかった尿が
一気に出てスッキリ…

…そしてそれは、私の唯一の武勇伝と
なっている…

さて…トリペは色々検査も
終え…小さなベッドに入れられ
運ばれてきて…

看護師さんに教えてもらい
ながら、初乳やり!!

…するものの、抱っこもむつかしいのに
赤子を乳のところまで、もっていくのに
一苦労!!

トリペを出した後ですっかり油断していましたが、お産はゴールではなく、スタートでした。今までお腹の中にいた人を急に地上で育てるのは、覚えねばならないことが多すぎて、頭がパンク状態でした。やっていきながら休で覚えるしかないのですが。そうはいっても…。

コンドうの
こぼれコラム

左右バランスよくあげて
終わったら背中さすってゲップさせてね
こうですか?!
ゲー
ゲー
初めてのことだらけで、なにがなんだか分からない私…

あまり押しつけないでちっ息するから…
必死!!
フガフガ

ここ止めてーサイド出してあげて
なるほど
こりゃオムツカバーいらんわ…
オムツの仕方も教わり…

大体3時間ごとくらいに泣いたらオッパイあげてね
あげた時間とオムツの時間ここに記入しておいてください

また様子みにきますけど困ったらナースコールしてくださいね
じゃ…

コンドうの こぼれコラム

今すぐに子どものお世話を覚えないと、トリペが死んでしまうような気がして、ずっとドキドキしていたように思います。自分の子ではあるのですが、どうにも預かりもの…というか、簡単に触ってはいけないような気がして仕方ありませんでした。

いきなり2人っきり…
……
ぐーぐー
パタ…

左右
3時間
プシュー…
オ…オーバーヒートしそうだわ…

そう…出産はゴールではなく
スタート…。命はもう始まっているのだ…

傷だらけ…
しかしちっちゃいな…
しーん…
爪がのびてるからか…
明日切っていいか聞いてみよう…
あまりに静かだと不安だね…

よかった生きてる…
ビク ビク
ほっ

今日から私はお母さんだ!!

ティッシュ
フワ
フワ

コンドウの こぼれコラム

今思えば、トリペの爪なんて伸びてりゃ切ればいいのに。「切ってしまっていいものか、看護師さんに確認してからにしよう…」と思ったりして。それくらい、何をするにもドキドキでした。

第8話

入院生活!
母業はお仕事いっぱい

約半年以上ぶりの…
うつぶせっ☆
腰が伸びるっ
キャー！♡
バタ
バタ

数時間前までこのヒトが入ってたんだよな～
変なの…
チラ

さて…赤子を出した腹ですが
この間○○ちゃんが出産したんだけどさー出した後のお腹って
同僚の若いコ
ギャハハ
タヌキのキ○タマみたいだって!!
母……
そんでまあ実際どうだったかっちゅーと…

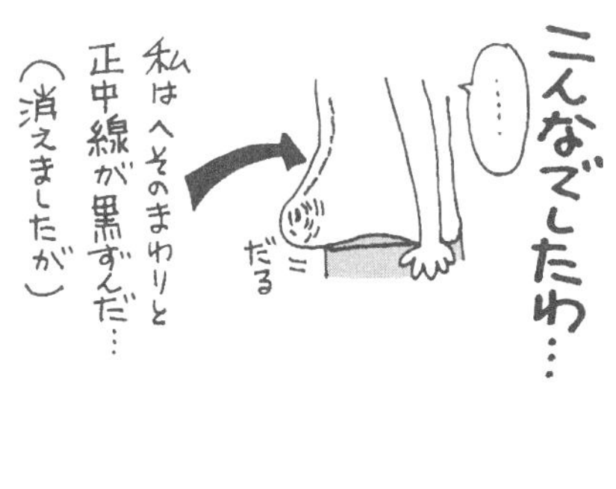

こんなでしたわ…
……
私はへそのまわりと正中線が黒ずんだ…
（消えましたが）
だる

キ○タマかは分からんけど…
ベルトしめてしまっときましょ…
ギュッ

コンドうの こぼれコラム

これからお母さんになる皆さんが心配しているであろう、お腹のたるみ。だいたいは元に戻りますよ。特に運動とかしていなくても…（ベルトは、締めていましたが）。黒い正中線も、気づけばなくなりました。

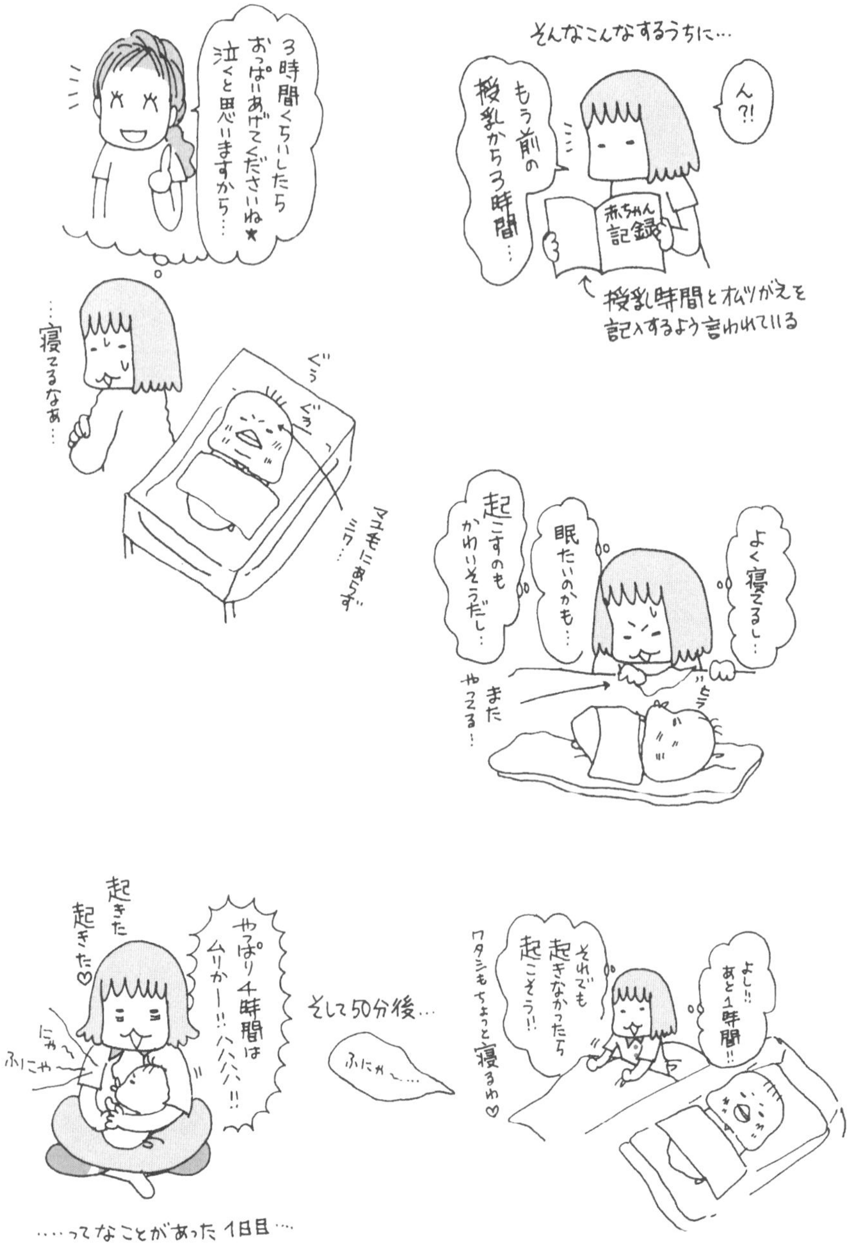
そんなこんなするうちに…
ん?!
もう前の授乳から3時間…
赤ちゃん記録
授乳時間とオムツがえを記入するよう言われている
3時間くらいしたらおっぱいあげてくださいね★泣くと思いますから…
…寝てるなあ…
ぐう ぐう
マユ毛にあらず
シワ…
よく寝てるし…
眠たいのかも…
起こすのもかわいそうだし…
またやってる…
ピラ
よし!! あと1時間!!
それでも起きなかったら起こそう!!
ワタシもちょっと寝るわ♡
そして50分後…
ふにゃ～…
起きた 起きた♡
やっぱり4時間はムリか～!! ハハハ!!
にゃ～
ふにゃ～
……ってなことがあった1日目…

お産の後、何が辛かったって？　それは筋肉痛です！　太ももがブルブルとふるえ、何十枚も湿布を貼り込みたい！と強く思いました。お産の後うれしかったのは、うつぶせ寝。腰を久々に伸ばした～！下を向いて寝られる幸せ～！　最高でした！

コンドうの こぼれコラム

翌朝
ここ!! 4時間くらい
ありてますけどっ
どうしたん
ですか?!

あー起きなかったので
そのまま…
ダメですっっ
起こしてでも
あげてくださいっ
……怒られた……

そ…そうだったの…
自主性に任せてため…
スマン
赤子よ…
あわわわ
たのむよ…

授乳やオムツがえの合間に
おっぱいや、悪露の状態をみてもらい
ウン
大丈夫ですね
ほめられた…
とても
よい!!
おっぱい
です

朝食についていた
ごぼうの種を
かじっていると…
へー
ごぼうの種…
乳に
いいらしい…
にが…

おは…
おめでとうございますっ!!
疲労
ババーン!!
New✧
ばばーと おばばと 父が来た…

コンドうの
こぼれコラム

監修者注：おっぱいの与え方については、欲しがったら与えればよい、という方針の産院もあります。ただ産後の入院中は、ちゃんと飲ませないと赤ちゃんの体重が増えず、最悪、母親と一緒に退院できなくなるという事態も起こりえるので、時間できちんと飲ませるほうがよい、と指導されることが多いようです。

あ そっか
おめでとうか… 親に言われると フシギな気分
お疲れ～… 眠くないの?!
わーっっ なんか タロさんのお父様に 似とるねっ
ギャア～ ギャア
指長っっ 手と足の指 長くない?!
長くかかったね～
終わらんかと思ったわ…
変なとこ似るのねー
一緒一緒!! アンタを産むときもそうだった!!
それで?! どうなん?! お腹!! やっぱりタヌキのキ〇タマ?!
まあ そんなような もんよ…
母…
おばあちゃん やで～♡
コンドウさーん!! あ!! ご家族の方!! おめでとうございます♡
本当にお世話になりまして…
ありがとう ございます
はい♡ これ、昨晩生まれた 赤ちゃんの写真… ちょっと失敗 しちゃって…
うまくいった方は 廊下にはり出して ありますから♡
ごくっ
ご… これは…

コンドウの こぼれコラム

産後の体型変化について、気になるプレママたちも多いと思います。私は母乳育児だったためか、一時期は妊娠前よりも激やせし、「なに？　あたし、モデル？」とみんなに見せたくなるようなウエストになりました。

なんかタロさんが産んだみたいやな…
ツヤ ツヤ
そうして…
みんなで写真撮影したり…
…
ヒドイ…
…しかし…こんなに地蔵みたいな顔でいいんかいね…
顔はどんどん変わるから
おにぎりみたいやな…
赤ちゃんって幸せを逃さないためにグーッとにぎってるんじゃなかった…？　思いきり開きっぱなしだけど…
パー
微妙に失礼なことを
言ってみたりして…
まった来るね〜
みんなが、帰ってしまうと…
あっ寂しい…
ぽっつーん…
急に 静寂 …
びくっっ
ふにゃぎゃあひぃっっ
…なんて一瞬しかない…

コンドウの こぼれコラム

産後しばらくしてからの激やせ。あのまま筋肉をつけていれば…あのまま食事の量を少なめにしておけば…。と現在になってから悔やまれます。

尻がっ ふにゃっ
尻が ぬれてるっ ふにゃっ
オミツコかー そんなに泣かんで大丈夫さー
コンドウさーん
そうか もう そんな 時間っ
あっハイ!!
おフロ入れますから来てくださいねー
みんなが ナース・ステーションへ…
ゴロゴロ
沐浴の仕方は、数人が一斉に習う…
コンドウさんのおじょうさんでやってみましょうかー
お湯の温度はひじでみます
いってくるぜ
あっハイ…
耳の後ろを押さえて持って…
赤ちゃんは布をかけてあげると安心します
チャプ…
ほう…
おへそ出てるー
首の下などくびれとか汚れがたまりやすいです
背中を洗うときはひっくり返して…
くるっ

母乳育児は、めちゃくちゃご飯を食べるようになるので、胃は思い切りふくらんでしまいます。それから断乳をするようになったところで、胃が急に小さくなるはずもなく…。こうして出産後の激太りを体験していくのですね、人は…。

コンドうの こぼれコラム

132

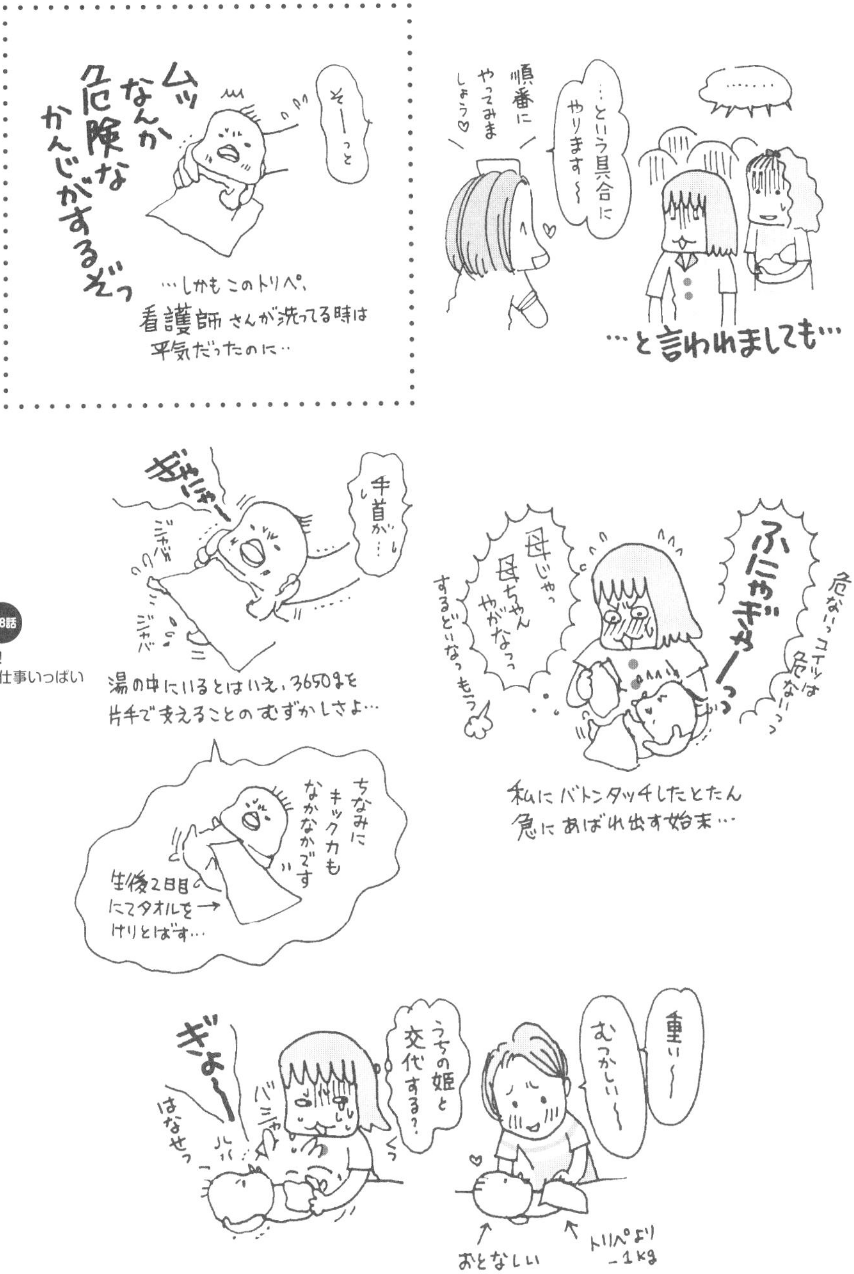
ムッ なんか 危険な かんじがするぞっ
そーーっと
…しかもこのトリペ、看護師さんが洗ってる時は平気だったのに…
順番にやってみましょう♡
…という具合にやります〜
………
…と言われましても…
ぎゃにゃ〜
ジャバ
ジャバ
手首が…
湯の中にいるとはいえ、3650gを片手で支えることのむずかしさよ…
母じゃっ 母ちゃんやがなっっ
するどいなっもうっ
ふにゃぎゃ〜っっ
危ないっコイツは危ないっっ
私にバトンタッチしたとたん急にあばれ出す始末…
ちなみにキック力もなかなかです
生後2日目にてタオルをけりとばす…→
ぎょ〜
はなせっ
バシャ
うちの姫と交代する?
くぅ
重い〜
むっかしい〜
おとなしい
トリペより −1kg

コンドうの! こぼれコラム

出産直後は、体を伸ばして寝られることに喜んでいましたが、出産からさらに時間がたった今は、朝までゆっくり眠れる幸せをかみしめています。

それでもおフロからあがったら
うれしそう…
よかったねー
きもちよかったかい?
ホカ
ホカ
おフロあがりで髪を整えた
トリペは非常におにぎりだ…
あっ写真だっ
ゴロ
ゴロ
かわいく撮れてるかしら…
撮り直しの成果は…
はー
← お見舞いのおばちゃんたち
おめでとうございます
〇日生まれ
コンドウさん
3650g
女子はここがピンク
こりゃあ〜よう肥えとらい〜
ハハハハッ
今時珍しいなあ
えっ!! 女の子?!
あの写真あんま変わんないわ…
ゴロゴロゴロゴロ
ずしゃしゃしゃしゃ
トリペはその日生まれた13人の中で
一番Bigでございました…

コンドうの こぼれコラム

出産直後の私は、あまりしっかり意識していなかったんですよね。これから、約2年にわたって、夜3時間ごとに起きる日々が続くなんて…。

第9話 退院! トリペ、おうちに帰ろう

私がこちらの産院に決めた理由
まあ元々選択肢はそんなになかったですが

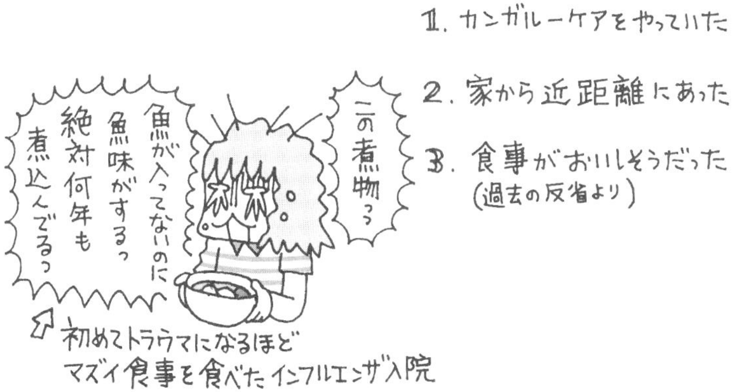
1. カンガルーケアをやっていた
2. 家から近距離にあった
3. 食事がおいしそうだった
(過去の反省より)
この煮物っ
魚が入ってないのに魚味がするっ絶対何年も煮込んでるっ
初めてトラウマになるほどマズイ食事を食べたインフルエンザ入院

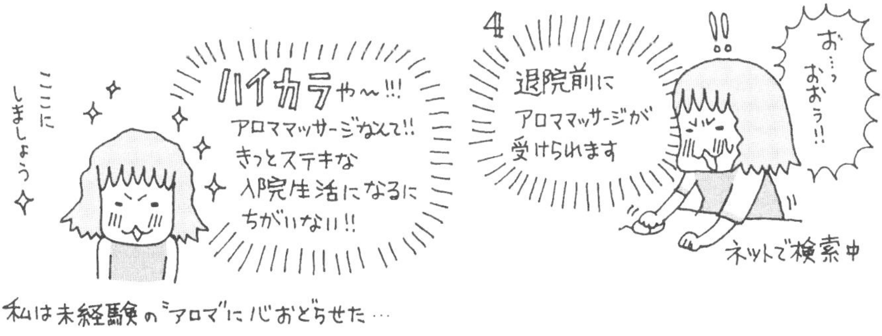
4
退院前にアロママッサージが受けられます
!!
お…っおおう!!
ネットで検索中
ハイカラや〜!!!
アロママッサージなんて!!きっとステキな入院生活になるにちがいない!!
ここにしましょう
私は未経験の"アロマ"に心おどらせた…

コンドうの
こぼれコラム

産院には、総合病院、個人医院、助産院などいろいろあり、そのなかでも各産院ごとに特徴がいろいろあります。産後ママ向けのサービスが充実しているところも多く、アロママッサージ、音楽会や、退院前に豪華なお食事（フレンチフルコースとか）が食べられる場所もあったり。いろいろ調べてみるとおもしろいですよ。

入院生活5日間中、3日目…
コンドラさん ちょっといいかしら〜
ハイ?
そそそ…
体調はいかがかしら
?
特に問題は…
じゃあ…経過も順調だし、元気そうだから…
明日退院でもいいかしら
1日早く…
えっ
私の快適入院ライフはあっさりと短縮された…
なーんかねー ベッドが足りなくなっちゃって
オホホホホホ
私はかまいませんが…
まあ——っ!! よかったわ——♡
じゃあ退院の手続きとりますね♡

136

小さいころから男の子によく間違われていました。私のことです。立派な男顔でした。それは、トリペにもしっかりと遺伝し…なんとも立派な坊ちゃん顔。

コンドうの こぼれコラム

第9話
退院!
トリペ、おうちに帰ろう

そんなことより
アロマ マッサージ 受けられるんか?!
ハラ
ハラ
すっごく
楽しみにしてる

アロマ…
パタン
聞けなかった

なっなんか急に忙しくなったぞ…
つまら～ん
荷造り

おおう!!
ピラッ
ベビードレス買っちゃったあ～♡
ウホホ

なんでベビードレスってこうビラビラなんだ…
そ～っ

ワタクシお笑い界から参りました
…
天使ですがなにか?
ブー

コンドうのこぼれコラム

そしてベビードレスときたら、どうしてこんなにヒラヒラしているのか。もう、仮装以外の何物でもありません。

コンドウさーん 退院おめでとう ございます♡
ごめんなさいねー 1日退院早めて もらってー
いやいや ごめんごめん!!
カワイイ!!
……
あと、これが 明日の スケジュール
午前中 退院になります
ハイ
退院が1日早まるので 2日後に赤ちゃん見せに いらしてくださいね
これがー 退院書類と 請求書とー!
後で払いにきてね♡
ガーン
えっ… めんどくさっ
2日後に また来るの?!
トイレの後の洗浄綿は まだ手放せず
いつまで 消毒するんじゃー
洗浄
美容師さんが 10時頃いらっしゃいますから
ウフフ♡
キレイにしてもらって お帰りくださいね
それもいいけど… アロマは…
ハラハラ
←でも 聞けない

会陰切開の傷を消毒するための清浄綿は、退院してもしばらくは使用します。傷を消毒!? と聞くと痛そうですが、そう痛くはないので、ご安心を…。

コンドうの こぼれコラム

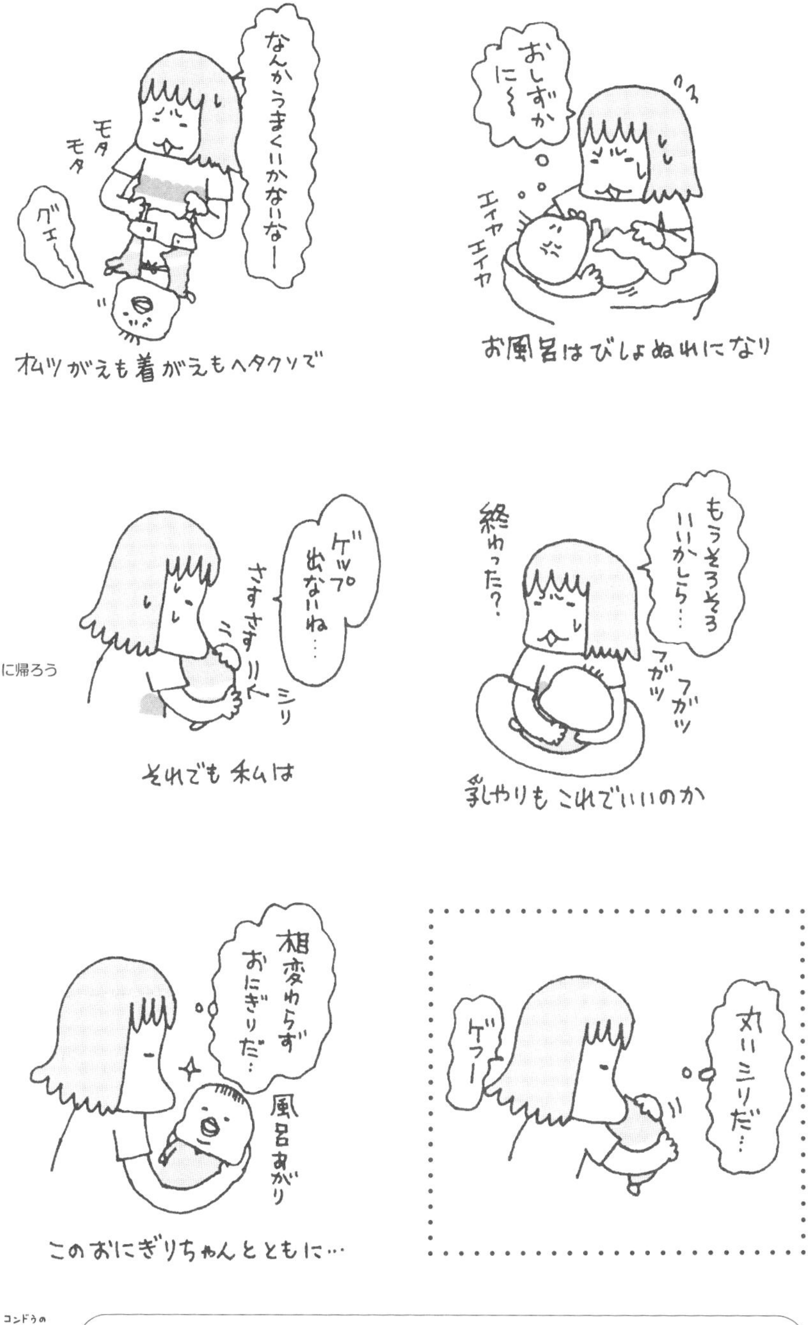
なんかうまくいかないなー
モタモタ
グエー
オムツがえも着がえもヘタクソで
おしずかに～
エイヤエイヤ
お風呂はびしょぬれになり
もうそろそろいいかしら…
終わった?
フガッフガッ
乳やりもこれでいいのか
ゲップ出ないね…
さすさすり
シリ
それでも私は
相変わらずおにぎりだ…
風呂あがり
このおにぎりちゃんとともに…
ゲフー
丸いシリだ…

コンドうの こぼれコラム

ここから始まるお母さん奮闘記。何もかも初めてばかりで、うまくいかず、トリペも私も、大変でした…。

翌朝
プーッ
びみょーなフェルトうさぎ
ピンクのチェック柄
キルティング生地
産婦人科
退院する
あの…すいませんこれは…
ポーチ?
カワイイでしょっ
ごめんなさいねェ〜
退院午前中になっちゃったでしょう?
アロマできないからそのかわりーっ
心底
いらねーっ
血の涙
あんなに楽しみにしていたアロマはいとも簡単に夢と消えた…
もうすぐ美容師さんいらっしゃいますからねーー♡
退院おめでとうございます
美容師の○○ですっ
ババーン
おじさん?! おばさん?!
キレイにするのー
久しぶりでしょー
ブオー
女性だった…
すいません

退院に際して、いつもより 1.5 倍は濃い化粧をしている私とか、真顔でヒラヒラの純白のドレスを着ている、坊ちゃん顔の新生児のトリペとか。そしてそんなに着飾った私とトリペを見てくれるのは、うちの母親だけとか。退院の日。あの日はいろんなことがおかしかったです。

コンドウのこぼれコラム

アイシャドウ何色がいい?!
ピンク? 紫?!
ウフフ
なぜその2択…?
オホホ
ちょっと濃いわ…
人にメイクをしてもらうのは結婚式以来でちょっとウキウキしつつ
姫にもお衣装を…
……
なんだかお互いムリヤリ感ありますね…
おまたせっ
トリペちゃーん
ずさーっっ
お迎え登場
おおどうもどうも…
アタシ子供の濃い化粧もみてね…
この母に見せるために私たち2人は着飾ったような…
じゃーね~
夫は仕事のため帰ってしまっていた
おおっ暑いーっっ
ペカー
そうよーっ上天気!!
いつのまにか荷物持ち
外はとっても晴れていて

コンドうのこぼれコラム

初めて感じる陽の光に、まぶしいという以上に、不快な顔をした娘を抱いて（実際抱いていたのは、私ではなく母でしたが）、実家に帰ったとき。かつて祖父母の宝物だった私は、一瞬で過去の人になっていました。

早く車に入ろう
これが外だよ
まぶしっ
見えんっ
トリペはとってもまぶしそう

さて、私はかつて
もうね、このコのためなら目でも心臓でもあげるって
本気で思ってたよ
ウンウン
フフッ
おじいちゃんとおばあちゃんの宝物だった

お帰りっ
大変やったね
あきちゃんおめでとうっ
だだだっ
ただいま

で
赤ちゃんはっ
ああっ
ジーン
パアーーッ
あそこ…

かわいいねェ かわいいねェ
こんなかわいいコ見たことない!!
よくきたねェ
ワァ
ワァ
ワァ
えーと

ちょっとお腹へったね…
指が長いっ
ぐー
かわいいっ
かつての宝物、完全放置

トリペ囲んで、今繰り広げられているこの情景は、二十数年前に私が迎えられた日と同じなんじゃないかと。そう思うと、何とも言えない気持ちになりました。子どもを産むということは、私が覚えていない、かつての小さな私を見ることになるんだなって…。

コンドうの
こぼれコラム

第3章

トリペと
産後!
～お母ちゃん、はじめました～

第1話

大忙し！はじめての母親業始まる

病院では…

大変そうだなぁ…
グエーッ グエーッ
ぐーぐー
隣の子…ずっと泣き通し

トリペはとても"イイコ"でした

それが退院したとたん…

またかっ またなのかっ
ぐえー えーおー

1時間ごとに呼び出し

びっくぅ
ぐええ

私……
育児日記

今思うと、頻繁に乳をやるから

頻繁に尿も出て、頻繁に泣いて

いたのでは…

キミそんなに飲んでていいわけ？
ごくごく

オムツをかえ…最後には結局

乳をやらないと泣きやまないので

呼ばれるたびに乳をやってしまっていた…

コンドうの こぼれコラム

とうとう退院して、看護師さんなどプロのいないなか、私とトリペの生活がスタートしました。よく、「育児は周囲の力を借りて」と聞きます。特に、初めての子育てに挑むお母さんには、当てはまる言葉なんじゃないかな…と思います。

ギョエー
← 声が大きい
また〜?!
そんなことにも気づかない
当時の私は、とにかく
"泣かせたら大変!!"と
思い込み、泣くと泣きやませる
のに必死だった…
(そして、手っとり早い方法が乳だった…)

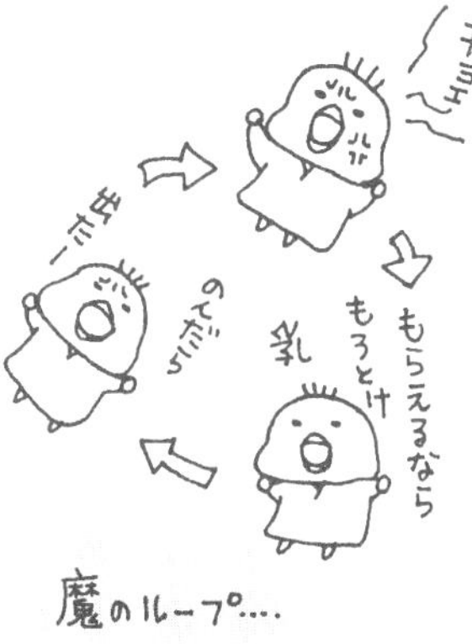
ギャー
ギョエ〜
乳
もらえるなら
もろとけ
のんだら
魔のループ…

退院2日後の健診で…
2日で190g
増えています
普通は
ちょっと
やせたりするんですが
もったり
乳が出にくかったり
赤子がたくさん飲めな
かったりで
ええっ

授乳間隔
あけてください。3時間は
もたせましょう
げっ…
コンドウさんはよく
出ているので足りない
ことはないはずです
他のことで気を
紛らわしたり
してあげてください
はあ…
おっぱい健診

＊母乳はほしがるだけ与えるよう指示されることも。
病院の指示に従いましょう（P129参照）

コンドうの こぼれコラム

母が働いているため、里帰りするつもりはなかった私ですが、母が「初めてのことは本当に大変だから、帰ってこれるなら帰ってらっしゃい」と言ってくれたので、帰りました。本当にそのとおり。初めての出産を終え、休む間もなく、お世話しないと死んでしまう存在がやってくるのは、想像以上に大変でした。

大丈夫!!
トリペちゃんは大きなお弁当もってますから
多少やせても大丈夫です
お弁当…?
?
小さく生まれるとやせるのが心配ですが…トリペちゃんは…ね♡
脂肪という名のお弁当
ああ…ハイ
乳✦という最強の武器が…
ハァー
トボトボ
もちろんそんなこと知らないトリペは…
ぐえ／
乳！
要求
……
そりゃそうっスよね…
あのねトリペ飲みすぎなんだって
ハ?!
アンタ何言ってんの?!

泣く赤子の声は、まるで火事のサイレン…。私は、いつでも消火作業に向かえるようにスタンバイする、消防士。睡眠不足は当然、余裕をなくしてしまいます。

コンドウのこぼれコラム

昨日までもらえてたものが今日から急にもらえない
そんな理不尽通るわけないでしょ
抗議
あだだだだ
ケリッ
出せっ
出せったらっ
んっ?!
ああっ
ジワー
もちろん母体も1時間ペースが身についてしまっており、勝手に乳が垂れる始末
なんだこの状況……
わあぁあ
わあぁあ
タオル入れた
お互いキツいので
よしっひとまず今日は2時間ごとにしよう
待ってましたア
とりあえず少しずつ間隔をあけることに…
ガッ
青筋
しかし2時間でも乳タンクはもうパンパン…

コンドうの こぼれコラム

自分の体も、母になりたて。おっぱいのペースを体もつかめていないのか、乳があふれ出してきて、おっぱいパッドではカバーしきれず、胸にタオルをつっこんで、垂れないように調整する毎日でした。もちろん、なかなか出なくて苦労している方もいました。乳…なかなか思いどおりにはいきません…。

ブシュー
ギャッ大丈夫?!
ごぼべっ
キョエーッ
むせて大変なことに…
しっかり!!
ごぼっ
キョエー
毎回むせるので
もったいない…
飲み疲れ
あげる前に、少ししぼって圧抜きをしてからあげることに…
当時は 乳を冷凍できるパックを知らなかったので捨てていた…
よっしゃ!! オムツかえて汗かいてるから着がえもしよう
よかったねー トリペ スッキリー
もた
もた

乳をやり、オムツを替えて、ああ、また泣いちゃったよ！とアワアワになっている初めて育児のお母さん。そこに、祖母や友人など、客観的な意見（もちろん肯定的な）を言ってくれる存在がいると、お母さんも少し冷静になって赤ちゃんを見られる余裕が生まれる気がします。それがたとえ一瞬でも、とっても大事な瞬間です。

コンドウの こぼれコラム

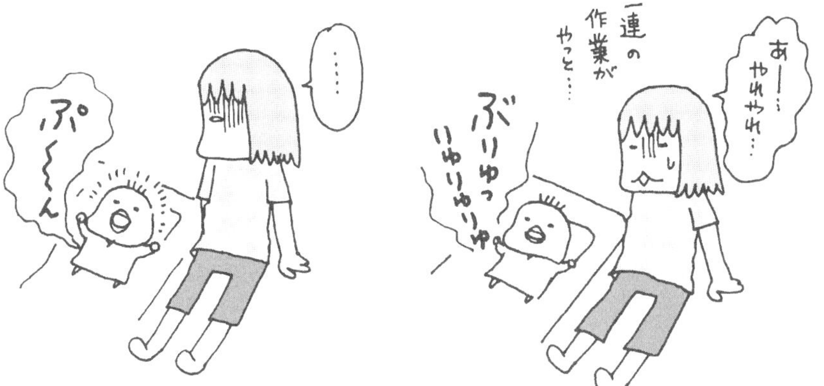
一連の作業がやっと……
あー… やれやれ…
ぶりゅっりゅりゅりゅ
ぷ〜〜ん
……

ああっっ
やっぱりもれとる!!
ウンチ

ちょっとアータ 頼みますよ…
さっきかえる前にやってくれたらよかったんじゃないの?
メチャクチャ
ヒーン
1日に10〜15回のオムツがえ…
10〜15回の乳やり…
洗たく
双胎児や年子のお母さん…
一体どうやってるんですか……
また呼んでる
ぐえー

コンドウの
こぼれコラム

オムツからうんちが漏れる…というのに、この頃から相当悩まされました。初めての育児だからオムツの当て方が悪いのか、うんちの量が問題なのかわかりませんが。紙オムツにも、メーカーによって微妙なサイズの違いがあるようです。いくつか試してみて、子どもにピッタリのものを探すのもよいかもしれません。

おフロの後、おへその消毒
痛くないの？
コワイ～
う～
こういうの苦手だ～
へその緒
（取れそうで取れない）
なんて忙しい1日…
夜は…
ジカン
トリペちゃんかわいいかわいい♡
ひいおばあちゃんが、「かわいいかわいい」と
ものすごくかわいがってくれて
それでも
アキちゃんちょっと抱っこさせて♡
始まったばかりの育児は、目先の世話に
ばっかり追いたてられ、かわいがる
余裕がついついなくなってしまうから…
そうだよねかわいいね…
本当にかわいいね～
ねェおじいちゃんかわいいねー
それだけで、乳とウンチの疲れが
リセットされる

てんてこまいの24時間営業体制が続く、退院直後の新米お母さん。そんな私にとって、トリペをかわいがってくれる祖母、母、妹、祖父の存在は、非常に心強いものでした。

コンドウの こぼれコラム

コンドうの こぼれコラム

育児にいっぱいいっぱいになっていると気づいたお母さんへ。明日にでも、誰かに会ってみませんか？友人でもいいんです、育児をしたことがない人でも。泣いてばかりいる赤ちゃんを「かわいい」と笑ってくれる人と会うだけで、きっと気持ちがホッとするはずですから。

第2話

一心同体!
トリペとの毎日

放っておけば…
ぐぅ ぐぅ
ヒマさえあれば寝る

そんなに寝て脳がくさるよっ
また寝てるっ
いくらでも寝てる子でした…
(子供時代一番言われた言葉)

日曜日?! 行かないよ!! 日曜日は一日中寝る日なんだ!!
キッ
えっ…そうなの?!
会社員時代…日曜日は
「外出をしないで寝る」日でした…

その私が!!
ぼや〜
授乳クッション
授乳のたび(2〜3時間ごと)に
起きるなんて!!!

赤子の泣き声に気づかないんじゃと心配したけど
チョエ〜
…起きられるもんです
そういや妊娠も後期に入った頃

また〜
3時間ごとくらいにトイレに
起きてましたが…

152

寝たら寝っぱなし。いつまでも起きない3年寝太郎だった私。ですが、生まれる前の予想に反して、子どもの泣き声で、夜中でも起きることができるものでした。生命の神秘ですね。

コンドウの こぼれコラム

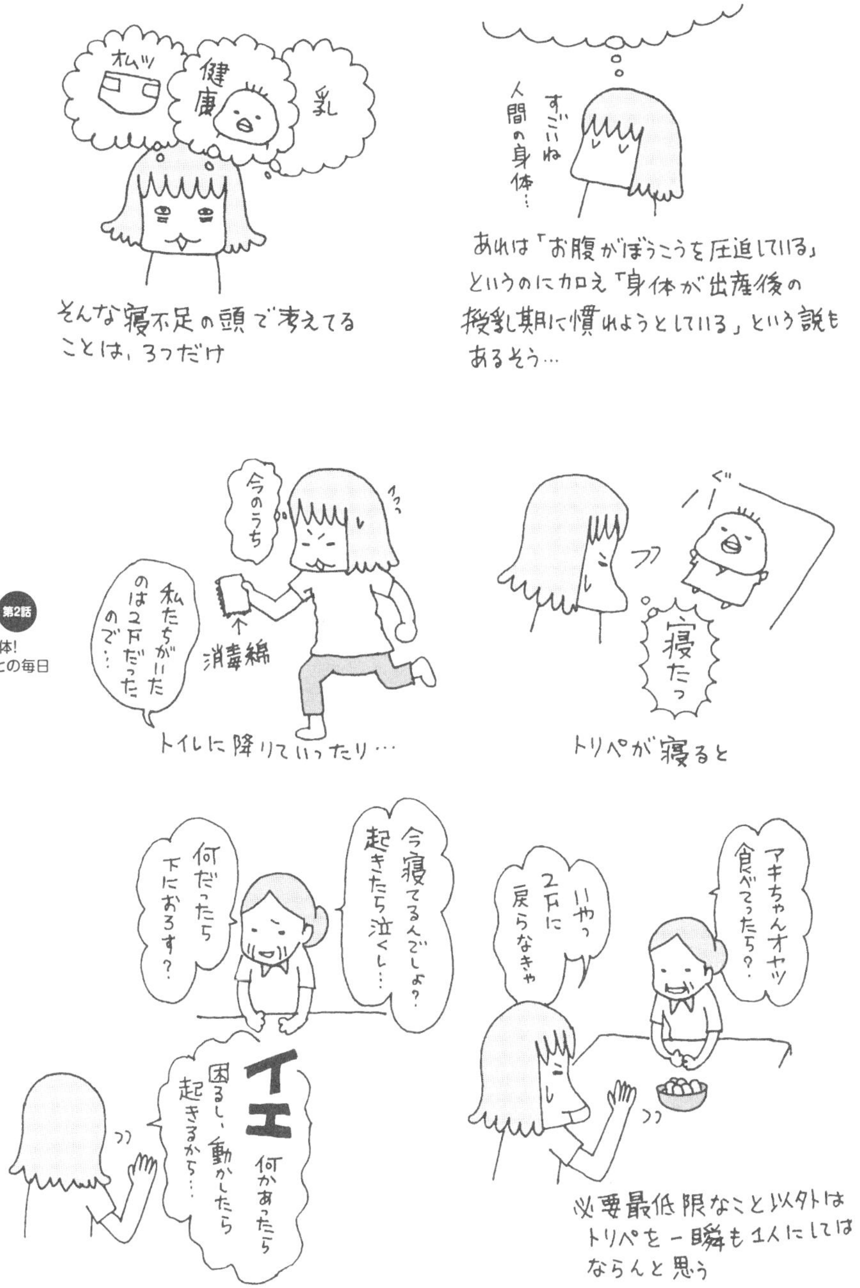

オムツ
健康
乳
そんな寝不足の頭で考えてることは、3つだけ
すごいね人間の身体…
あれは「お腹がぼうこうを圧迫している」というのに加え「身体が出産後の授乳期に慣れようとしている」という説もあるそう…
今のうち
私たちがいたのは2Fだったので…
消毒綿
トイレに降りていったり…
ぐ
寝たっ
トリペが寝ると
今寝てるんでしょ? 起きたら泣くし…
何だったら下におろす?
イエ
何かあったら困るし、動かしたら起きるから…
アキちゃんオヤツ食べてったら?
いやっ 2Fに戻らなきゃ
必要最低限なこと以外はトリペを一瞬も1人にしてはならんと思う

コンドうの こぼれコラム

もともと私は、神経質というよりは無神経の部類に入る人間でした。でも、産後は自分でも驚くくらい、神経質になっていました！　通常なら聞き流せることが気になる、どうでもいいことで頭がいっぱいになる…。それはもう、自分でも驚いてしまったくらいです。

私は必死だった…
おう
トイレ3分+
ばあちゃん2分で
5分も離れて
しもたわいっ
実際…
グデン
私の布団
だだっ広い和室に、私とトリペの
布団以外何もおいてなかったし
トリペは手足を動かすくらいしか
できないので、あまり何かが起きるとは
思えないのだけど
チラ
チラ
静かだと余計
心配…
よかった
生きてる…
ほっ…
す
今考えると、ちょっと異常なほど
トリペがちゃんと生きているかを常々
心配していた気がする…
げっ
パチ
そんな頼りない小さな生き物も
たとえこんな
顔してても
それほど新生児というのは
頼りない存在なのだ…

コンドうのこぼれコラム

産後に神経質になってしまうお母さん。結構多いようです。だから私も、あんなにも「おっぱいに関しての助言」が気になってしまったのだと思います。

だって あげすぎって 言われてる んだもん…
ハイヨー エッチラオッチラ♪
ぎゃおえー
乳出せーっっ

乳がもらえない時間だと怒る怒る…

知ってますよ 起きてんのは…
早くない!?
声デカい →
ぎゃうあ

起きると たのもしい…

おっぱい足りてる?
太りすぎ ちゃって…
足りない どころか 出すぎで 控えるように 先生に言われ てるんだよ

お腹すいてんじゃ ないの?
ギョエー

泣きやまない赤子に困っている私に
この言葉は 結構効いた…

乳~っっっ
ぎょえー
おっぱい 足りてない?
おっぱい あげすぎです
あげたいのに あげられない

お母さんが病院の指示に
従っている時は放置してください…
ただでさえいっぱいいっぱいなんで

ひーん
でもまだ 1時間 ↓
あたしだって 乳あげて いいんなら、そっちの方が どんなに楽かっっ

おばあちゃん世代は
「赤子が泣く」=「おっぱいが足りない」
に結びつける時代だったんだろうけど…

コンドうの こぼれコラム

産後のおっぱいに関しては、ちまたでも「出る」だの「出ない」だの、「あげすぎ」だの「足りてない」だの、おっぱいを出すお母さんと飲む赤ちゃん以外のまわりの人が口を出しすぎて、お母さんが追い詰められてしまう…というケースが多々あるようです。

ミルク足したら?
おっぱい出てんの?
赤ちゃん泣いてんじゃない
ブルー

産後まもない中の初めての育児…
新米お母さんへの何気ない一言は
思ったよりもダメージを与えてしまうことがあるので…

ところでトリペは

現トリペ
ガッフー

ものすごくよく食べる子で

私はその後お世話になる
おっぱい先生に

あなた世が世なら乳母できるわよ
双子も乳でいける!!

…と言われるほど、乳はよく
出ていたけど

おかわりっ
……

この食いしん坊は、本当に
お腹がすいて泣いていたのかも
しれない…

エー
食いしん坊乳児
よく出る乳

乳は飲ませれば飲ませるほど作られるのよ!!

先生は↑とも言っていたので

乳のメカニズムはよく分かりませんが

1時間ごとにやっていた、最初の
スパルタ方式が乳に効いたの
かもしれない…

コンドウの
こぼれコラム

でも、おっぱいの問題に口を出していいのは、先生や助産師さんなど専門の人だけ！　お母さん本人から相談を受けた以外は、とりあえず温かく見守ってあげることが、一番お母さんのためになるんじゃないかなあと思います。きっとお母さんと赤ちゃんとで、試行錯誤しながら、いい方法を身につけていけると思うので。

そんな中、のお父さんから
ミ
ベロ
頼んでいた
命名書が届き
ベロ
トリペ
立派や…達筆や…
そしてツルとカメ…
これ、トリペと一緒に写真撮りたいんだけど…
どこに貼れば…
普通はベビーベッドとかなんかなー
柱に貼っても変だし…
トリペ
床の間だと、両方小さくうつっちゃうし…
……
掛け軸みたいよね…

コンドうの
こぼれコラム

おっぱいについて続きます。私が助産師さんに聞いたのは、「おっぱいは寝ないと作られない」ということでした。だからもし、毎日の授乳でフラフラになっているお母さんがいたら、周囲の方、数時間でいいので、お母さんが寝られる環境を作ってあげてください。休息を取らせてあげることはまわりの方にしかできません。

これ!! ええんとちゃうん
ズルズル
しかも若気の至りでパンダシールを貼ってしまった妹…
妹が嬉しそうに持ってきたのは姿見…

よっしゃよっしゃ♪
退院時の服でおめかし

裏にすれば木製の額ぶちみたい!!
木製→
トリペ
おおーーっっ
完璧!!
アンタ天才やっ

ええやんー!!
いい感じっ
文字もトリペもよう見えるしな!!
いい…!!
ホントにこれでいいんか…?
いい記念写真が撮れた

カシャ
命名 トリペ

コンドうの こぼれコラム

ところでトリペ…という名前について。これはもちろんあだ名ですよ。この名前の由来は、娘の顔が、友人からもらったトリのぬいぐるみに激似だったから…です。

第3話

1ヶ月健診！ まさかの要検査!?

それはある日突然…

さぁー
へその消毒だぁ

ぎょっ
ポロン

と…とうとう
ひーっっ
へその緒が取れた…っっ

無…
……
ちょっと血もにじんでるのに…
ドキドキ
こんな大きなものが取れても平気なのかな…

小さい…
失くしちゃいそうだな…

へその緒は病院でいただいた桐の小箱に入れて保管することに…

コンドうのこぼれコラム

へその消毒…。苦手でした…。その昔、私が抜けそうで抜けない乳歯をブラブラさせて見せると、母が「見せないで～！」と眉をひそめていましたが、その気持ち、やっと分かった…！　本人は何でもないのだろうけど、見ているほうは痛そうで…。

私はグラグラと取れそうで
取れないへその緒が苦手だったので
ホッと一息…

さてさて…

夜中の授乳も半寝でできるようになり…

オムツもうまくかえられるようになり…

コンドウのこぼれコラム

へその緒。取れちゃえばいいのに、という気持ちと、取れたら怖い、という気持ち。そのふたつを抱えながらやっていた、へその消毒でした。ある日突然、簡単にポロリと取れてしまい、衝撃を受けました。とうとう完全に一人前の赤ちゃんになってしまったようで、感慨深かったです。

それかわいいやん
…
何着てく~?! トリペ♡
お祝いでいただいた服あるよー♪
ウキウキ
前夜は予行練習…
これ似あうよ
…
似あうけど…グリーンじゃ女のコって分からんのやないっ?
誰に分からせようというのか…
色黒によう似おうとるわー
…
じゃあこっちだ!!
オムツ何枚くらいいるんだろ~…
洋服も2枚くらいいる?
初めての赤子連れの外出はドキドキ!!
なんだかいっぱい…
1時間くらいなのに…
パン パン
まあ車だから多めに持っていっておけば?
パァーッ
トリペ健診の日は お天気

コンドうの！こぼれコラム

トリペから取れた、へその緒。はて、今、どこに行ったっけ…？　あそこにしまった、というおぼろげな記憶はあるものの、そこになかったらどうしよう…。探したくない…。

でも退院した日より日ざしがやわらかいね…
あの日から1ケ月たったことを実感
病院には
……
ん?!
やはり同じように生まれたての赤ちゃんがきていて‥
……
チラ
チラ
むっちり
バーッ
なんでうちのコだけ1まわりでかいのか…
…今日退院する赤ちゃんじゃない!?
そうだそうだそれだ!!
ホッ
1ケ月健診ですねー♡
あやちゃん大きくなったねーっ
ガくーっっ
ハーイ
えっと‥次はトリペちゃーん

コンドうの こぼれコラム

出産から１ヶ月。毎日１０回前後やっている、授乳とオムツ替え。それはまるで、スパルタ式の毎日。どうやったってうまくなります。何事も、回数をこなすことが一番の上達の近道ですね…。

わ…トリペちゃん立派になって…
立派…
すみません…授乳間隔がんばったんですが…
んー?! ちょっと黄色いかな…?
え?
黄色?

とりあえず健診しますからお預かりしますね
お母さんも健診を受けにいってきてください
ハ…ハイ
ハイ順調ですよ
ホッ…
私の方は子宮の回復も傷の治りも順調とのこと…

ところがトリペは
お母さーん これから時間大丈夫ですか?
やっぱり黄だんが強いので
エッ ハ、ハイ!!
ドキッ

コンドうの こぼれコラム

1ヶ月健診では、乳児の身長体重や頭囲などを計って、成長ぶりを調べるほか、母体の傷の回復ぶり、おっぱいの状態、子宮の戻りなどを調べる母の健診もセットになっています。

黄だん?!
ガーンッッ
今すぐ大きい病院へ行って検査を受けてください
今、紹介状書いてもらってますから
ビタミンKのシロップ飲ませてください
ハイ…
チュッチュッ
…
ほにゅうビンのフタ
←不満そう…
大きい病院…とんだ1ヶ月健診になってしまった…
大丈夫かい? トリペよ…
色黒かと思ってたら黄だんだったとは…
そういや白眼も黄色い…
元気そうだけど…
笑顔!!
診察室
ハアー
トボトボ

同じ1ヶ月の赤ちゃんたちに比べて、まるまると太って元気そうだったトリペ。にもかかわらず、1ヶ月健診では再検査になってしまい…。

コンドうの
こぼれコラム

あっお帰り
お帰り♪
どうだった？
お腹すいたから
早く帰んなきゃー
…今すぐ○○病院
連れてってください…
先生が
お昼休けい
に入る前に…
えっ

車
とってくる!!
だっ
足速い…
黄だんが
強いから検査
受けないかんって…
…って早…

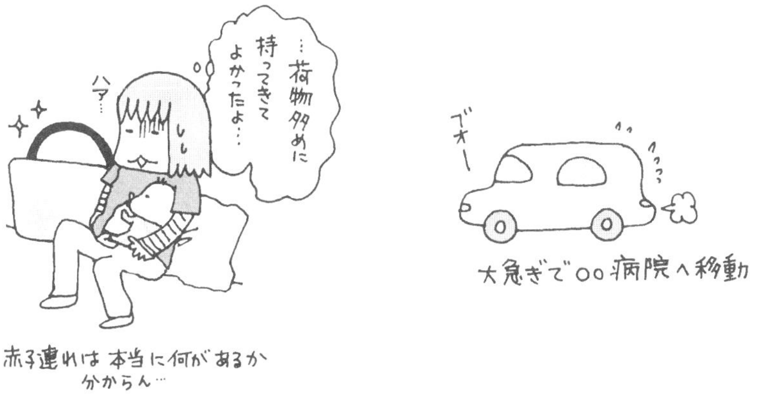
ブオー
大急ぎで○○病院へ移動
…荷物多めに
持ってきて
よかったよ…
ハア…
赤子連れは 本当に何があるか
分からん…

コンドうの こぼれコラム

病院に入った瞬間に感じた、「1ヶ月…なんとか無事にここまで来た…！」という私の思いは、先生と看護師さんの「大きな病院へ」の言葉で、ガラガラと崩れていってしまいました…。

昼前に病院に到着!!
急げ
急げ
問診票を書いて
えーっと 年齢は0歳1ヶ月…
体重は…
ハイハイ トリペちゃ〜ん
うえ
あきてきた
先生の診察
本当だ 黄色いや
母乳? よく飲んでる?
血液検査して みましょう
ハイ…

じゃあ少し お預かりしますね
廊下でお待ちください
ハイ
ムッ なんか イヤな予感する
ハラ ハラ
ああ…トリペ…
ぎょうえ〜〜

コンドウの こぼれコラム

赤ちゃん連れは、本当に、何があるか分かりません。出先でミルクを戻したり、うんちが漏れたりしたときのためにも、洋服や肌着も何セットか、オムツも気持ち多めに、など余裕を持って用意するようにすると、何かといいようです。大荷物にはなってしまいますが。

第4話

続・1ヶ月健診！再検査、結果は…？

お疲れさまでーす 検査結果出るまでしばらくお待ちくださいねー
ぼえ〜
泣きすぎて放心状態
トリペは"ほうほうのてい"で帰ってきた…

ぼろっ

結果が出るまで、時間があるというので
おっぱい休けいに行くと

小さな手に包帯が痛々しい…

眠っちゃったよー
ぐー
かわいそうに…疲れたんやわ…

あっ
がくっ
トリペは一瞬にして気を失うように
眠ってしまった…

コンドうの
こぼれコラム

再検査ということで、注射針を刺され、血を抜かれ…看護師さんから手渡されたときの、まさにボロッとしてクタッと疲れたトリペの姿は、忘れられません。

待合室には
たくさんの小さな子が待っていて
健康って本当に“当たり前”ではなく奇跡的なことなんだな…と思う
コンドウさーん
あっハイ!!
お待たせいたしましたー
どうぞお座りください
ハイ…
母乳性のものではないかなーと思うんです
黄だんのモト
つまり…母乳の中に、赤子がビリルビンを肝臓で処理するのを抑制してしまうホルモンがあり、なかなか体内のビリルビンを処理できない状態であるそう…

トリペが再検査するはめになった原因の「黄だん」。もともと新生児は、母体から外に出て、その環境に慣れていく過程で一時的に黄だんが起きるらしいのですが、それが通常2週間ほどで消えるのに対して、母乳を飲んでいる赤ちゃんには、その時期を過ぎても消えない場合があるそうです。

コンドウの
こぼれコラム

第4話
続・1ヶ月健診!
再検査、結果は…?

えっ母乳がいけなかったんでしょうか
イエイエ そうではなくて
母乳性ということでしたら自然に治りますよ
ほ…っ
ただ
今の段階では予想なので、一旦母乳をやめてみましょう
えっ?!
母乳性だったら母乳やめたらビリルビン値が下がるはずだから…4日…3日でいいかな…
え…あのその間私の乳は…
止まらないでしょうか…
ミルクあげる時さく乳しとけばいいと思うよー

コンドうの
こぼれコラム

そういった母乳が原因の黄だんを、「母乳性黄だん」と呼ぶようです。トリペは、ちょっと色黒だな…なんて思っていたのですが、黄だんだったようで。おそらくは母乳性のものだろうけれど、念を入れて確かめるために、母乳ストップの日を作ることになってしまったのでした…。

また診せにきてね♡
乳は冷凍保存しとけば?
さく乳ってどうやんの一っっ
圧抜きしかやったことない!!
トリペはなんとか大丈夫そうだったけど
仕事が1つ増えてしまった…

ただいまー
ぐーぐー
ハー…
トリペちゃん!!大丈夫やった?!
ばあちゃん心臓が止まりよった!!

疲れたんやろね…かわいそうに…
ぐーぐー
産院でもらったセット
ミルク
トニ☆

コンドウの こぼれコラム

さく乳は、文字どおり胸から乳を搾り取ることを言います。赤子に吸わせられないまま、おっぱいを放置すると、胸がパンパンに腫れて乳腺炎になったりしますし。そのままにしておくと、「おっぱいは必要ないのだな」と体が判断して、おっぱいが出なくなってしまうこともあるのです。

え
これ…
万一起きたらお願いします!!
薬局へ行ってこな!!
20分くらいで戻るわー
急げ急げ
トリペが寝ている間に買い物…

ドラッグストア・生活用品
薬
急げ!!
急げっ
大きめのドラッグストアへ…

ほ乳びん?! もらったのあるやん…
夜中起きるたびに洗ってたら大変でしょ…
アンタさく乳もせなアカンのやから
そうだけど…もったいないな…

コンドうの こぼれコラム

ミルク生活をする予定がなかったため、あわてて駆け込んだ薬局で、とにかくいろいろ買い込みました。ほ乳びんは、母の言うとおり、2～3本替えがあったほうが楽ちんみたいです…。

ほ乳びんや母乳冷凍パック…
どれくらいさく乳できるんだろ…
一番小さいのでいいかな…
さく乳器…はいるのかしら…
買っとき買っとき!!
また来るのも大変だよ
こんなのもあったよ
どっこいせ…
ミルトン
オムツ
…物入りやなあ…
煮沸消毒でいいんじゃない…?
あっ母乳パッドも
大荷物を抱えて帰ると…
ただいまー…
パチッ
!!

ミルク生活にするに当たって。今調べると、調乳グッズもいろいろとあるようですが、当時はそんなの調べる余裕もなく…。そしてたかが3日間…と高をくくっていた私だったのですが。誤りでした。

コンドウのこぼれコラム

痛いことされた
腹へったーっっ
ギャエ〜
ハイッッッ
ただいまっっ
ミルク
ママが帰ったん
分かるんやねェ…
そんなのん気な
ものでもない…
ギャオ
ギャ〜
えっと
新生児のミルクの
量は…
ギョエ
ギュー
モタ
モタ
ハイハイ
トリペちゃん
もうちょっと
催促の声が
でかい泣き声なのであせる…
えっお湯先に
入れんの…?!
ミルク
先に入れちゃったよ…
まだ〜
…?
ギョエー
ギョエー
今やって
ますよっ
うわーっ
泡だった〜

コンドうの
こぼれコラム

今までは、泣けば乳を放りだしていれば済んでいた私。それが、いきなりミルク…！　正直焦りました。赤子の泣き声には、これにすぐ対処せねば、死んでしまうかも…？　とビビらせるほどの威力があるので、かなりあわてました。

全然冷めないな…
くるくる
水で冷やそうなんて高度なことは思いつかない…
ハイハイハイ
お待たせいたしましたよー
ギュエ〜
汗だく…

よかったねー
ごめん…それやっといて…
乳しぼりに行ってきます…
ガチ
ガチ

ウッ
なんじゃこりゃっ
岩か?!
ビキーンッッ
乳はガチガチにはって岩のようになっていた…
ひとまず最初は洗面器に…
ひーーんっっ
しぼるなんてムリ!!
痛っっ
どうしようコレ…
頭の中が9割乳+ミルクになったところで次回に続く…

コンドうの こぼれコラム

トリベは、注射はされるわ、泣けばすぐもらえていたおっぱいがもらえないわ。踏んだり蹴ったりだったでしょう。でも、これからの3日間は、トリベ以上に私が半泣きの日々を送ったのでした…。辛かったなあ。

第5話

断乳生活！
トリペと私、地獄の3日間

ぐぎょえ～
びっくう!!

慣れない夜勤が始まった…

ぎゅぐぎ——
急げっ
走れっっ
ヒ～
う…っ
動くと乳が
痛い…
ヨロ
ヨロ
小石でいっぱい、、
う～ん
張りすぎた乳はまさしくコレだ…
赤ずきんちゃんのオオカミ…
もっといい方法があるに違いないが…

2つの湯のみを移動させることにより、
お湯の温度を下げる…

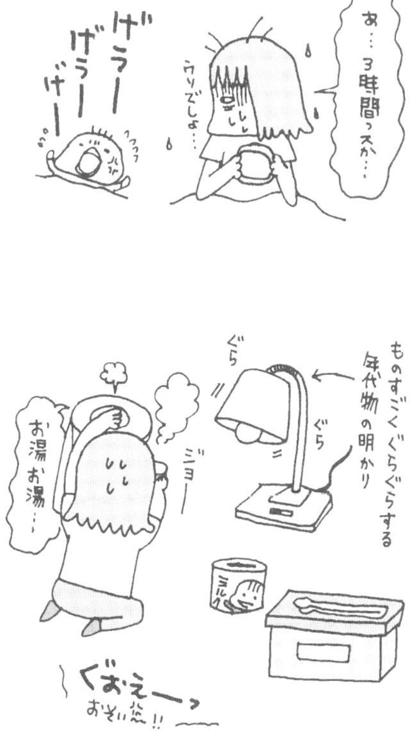
げーげらーげらー
あ…3時間っスか…
ウソでしょ…
ぐら
ぐら
ものすごくぐらぐらする
年代物の明かり
お湯お湯…
ジョー
ミルク
ぐおえ——っ
おそい怒!!

班長（トリペ）に叩き起こされたら、急いでミルク…

コンドウの！こぼれコラム

トリペが3歳になった今でも、あの地獄の3日間はしっかりと思い出せます。詳細こそ、さすがにぼやけてはいるのですが。「辛かったなあ…」って。

ある程度冷めたら、ほ乳びんを
殺菌してた入れ物から出す…

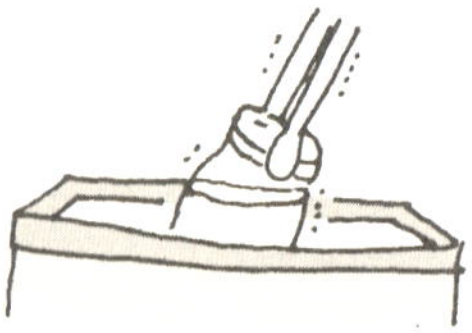

しかし、ほ乳びんの中にも液体が
入っているので重い（中身を出しながら出す）

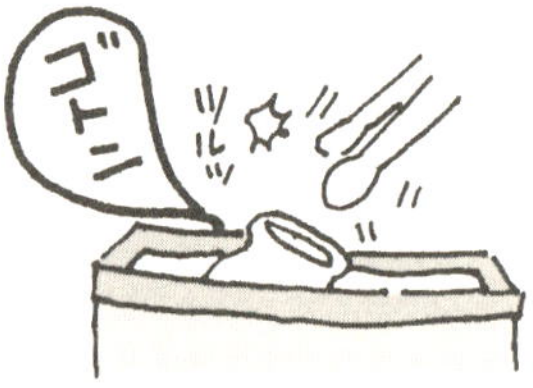

ほ乳びんが重いのと、すべるのと、
あせっている…の三つ巴で、
ほ乳びんが取れない…

やっとの思いでミルクを作り….

「乳をあげたいのに、あげられない」。文章にすると、まあ、さして何でもないことのようなんですが、母にとってこれはかなりの苦痛。また、赤子が目の前でわんわん泣くから、余計つらいんですよね。初めて、育児で涙が出た瞬間でした。

コンドウの こぼれコラム

抱きあげると、当然トリペは乳にやってくる…。

乳児とはいえ、赤ずきんオオカミの乳への頭突きはかなりこたえる…

ミルク終わったらゲップをさせて…

オムツをかえて…

寝かしつけ…

コンドうの
こぼれコラム

母乳って、出る・出ないに個人差があって、自分ではどんなに頑張ろうと限界があるものでもあります。にもかかわらず、それが直接赤ちゃんの食事になるので、お母さんの乳に対するプレッシャーはかなりのもの。

なんじゃこりゃあっ

やっと自分のことができる頃には
乳はまさしく熱をもった岩のように
なっており…

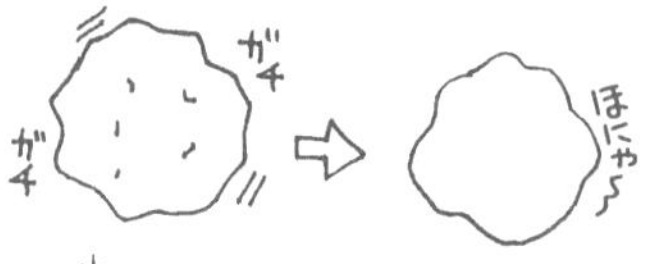
ガチ
ガチ
ほにゃ〜

岩から水分を出し元の状態に
戻さねばならないのだけど

いだいいだいいだい

かといって そのまま放置したところで
痛くて眠れないし（横になることも
痛くてできん…）ふるえながら少しずつ出す…

ウッ
なんでこんな目に…

これがふるえがくるほど痛い…

そういや…昔、戦時中に乳飲み児がなくなっちゃったお母さんが泣きながら乳搾ってるシーンあったな…
フー…

戦時中に想いをはせ、泣きながら
さく乳…

うっ
うっ
お姫さまとかも乳母に子を渡して大変だったろうな…

…子育てで初めて泣いた瞬間であった…

出るおっぱいの量などは、自分の力の及ばないところですが、それでも、自分だけがあきらめればいい問題でもないので…この３日間の私の頭は、ほぼおっぱいで埋め尽くされていました。

コンドウの！こぼれコラム

も…もったいない…
夜のさく乳分は面倒なので冷凍せず捨てることに…
ギシ
ギシ
時間をかけ、さく乳完了すると1階に降り…

乳を捨て、ほ乳びんを軽く洗い

ヨロ
ヨロ
部屋に戻ると…

起こされてから2時間経過…
ウソでしょ?!

ヤバイ早く寝なきゃっ
…とはいっても、そう早く寝られるわけもなく…

…あと1時間したら、この人また起きるわけ…?
時の流れのはやさにボー然…

コンドうの
こぼれコラム

お母さんのまわりにいる方々は、お母さんが母乳、ミルク、混合、どの方法で育てることを選んだとしても、それを応援してあげてください。まわりの皆さんの応援が、お母さんの力になると思いますので。

ぐぎゃあ ぎょ〜
1日5時半の細切れ睡眠
乳が痛い
乳をやりたいのにやれない
トリペもものすごく不きげん

いくつかの重圧がのしかかり、2日目にはかなりグロッキーになってる私…

ぐぎょえ
びっくぅ!!!

…睡眠40分くらいで再びふり出しに戻る…

トリペちゃんよく泣いてるけど… お腹すいてんのかねぇ…
んなコト言ったって分量通りのミルクしかあげられないよっ
ぐぎゃあああ あああ〜

…ひ孫を心配する声にも余裕ある答えはできず…

寝ている間買い物行こう
トリペちゃんばあちゃんにみてもらっておいて…
出勤前

そんな中 母が

ピリピリ
ピリ ピリ
イラ イラ
イラ イラ

今思うと、私がイライラピリピリしていたからトリペにも伝わり、機嫌が悪かったんだろうな…

母乳だろうが、ミルクだろうが、混合だろうが。どの方法を取ったとしても、お母さんが笑顔で落ち着いていられることが、赤ちゃんには一番の安定材料になると思います。

コンドうの
こぼれコラム

少し海を見ていこう

外に少し連れ出してくれて…

今日は波がおだやかだねー

仕事前の時間がない中連れていってもらった海は

心が洗われる…とかそんなことよりも

あの…私そんなに病んどった？

カァ〜〜…

…母がムリしてでも「海でも見せてやらなきゃ!」と思うほど、見た目に私は病んでいたのか…ということに急に恥ずかしくなった…

コンドうの こぼれコラム

トリペのアレルギーや、保育園に入れることなどについて悩んだとき、病院の先生が言ってくれました。「お父さんお母さんは、この子が外の世界で生きていくための大きな船なんだから。嵐が来ても、何が起こっても、揺らいじゃダメだ。この子がどこに航海に出ても、船さえしっかりしていれば、この子は大丈夫なんだから」

ん?!
そうして地獄の断乳生活 2日目が過ぎる頃には…
目が落ちくぼんどったよ
あ…そ～そう…
ちょっとトリペの肌見て!!
お…おお…!!
心なしか白い!!
ツヤツヤ
努力の成果がトリペの顔に…!!!
じゃあやっぱりおっぱいがいけなかったってこと?!!
……
…おっぱいの話はもうしないでください…
本当だ!!白くなってる
よかったねェ本当によかった
ねー!!

気持ちがくじけそうになったとき、病院の先生の言葉は私を支えてくれました。皆さんにも、この言葉が何かの支えになってくれればいいのですが…。

コンドうの こぼれコラム

第6話

またね! 3ヶ月ぶりの家族再会

再び
ぼろっ

ふ…再びごくろうさんだったね…
わあああ

断乳期間が終わり、トリペは再検査を受けた…

結果は…
うん!! 数値も下がってきたし元気そうだし大丈夫でしょう!!
触るなー 痛いことすんなー
ホッ…
よかったですー
ただ念のため向こうでも1度経過みてもらってくださいね

えっとじゃあ母乳は続けても…
念のため…
もちろん!! 大丈夫です

コンドうのこぼれコラム

地獄の３日間を越えて、再検査の日。１ヶ月健診のときのように、注射をされてへとへとになったトリペでしたが、明らかに顔色もよくなり、結果もホッとするものでした。本当によかった。

検査大丈夫だったよ
トリペちゃんよかったねェ…

検査結果も良好だったので、やっと私とトリペは帰ることになった

た…
たすかったぁ〜

…というのが正直なキモチ…

約3ヶ月お世話になった部屋は…

う…っすごいなアタシ…
どちゃ……

すっかり私仕様の部屋になっており…

どさーーっっ
ミルク
おむつ
布団もある…
……

おまけにもう1名分荷物があるのだ…

これ…あげよっか…
保冷できるのよ
いらん
← 結局1度も使わず…

コンドうの こぼれコラム

とうとう、親元から自宅へと帰る日がやってきました。実家で3ヶ月も暮らしたのは、上京して10年ぶり。ただ、母は仕事でいないことが多かったので、産後の私の世話は、主に祖母がやってくれていました。高齢の体で、認知症と癌を患っている祖父の面倒をみながら私の食事や洗濯まで。どれほど大変だったか。

第6話
またね!
3ヶ月ぶりの家族再会

アキちゃーん サンダル忘れとるー
入るかしら…
あー…… そんなのも ありました ね…
パン
パン
荷造りしても、忘れ物がポロポロ…

いらないよっ
ぎゅう
ぎゅう
…いらなくなった妊婦服は とりあえず母のタンスにしまいこむ…

来る来るって楽しみに 待つんは長いけど
来た、思たら すぐ帰っちゃうねエ…

もう 忘れ物は ない?
はあ…
ギュ
ギュ

トイレ行ったって 出んぞ
座るだけで いいから
認知症+病気でずいぶん身体の悪い おじいちゃんの世話をして

おばあちゃんは… 私が物心ついた 時には、この言葉を発してて それから何十年経った今でも 私が 帰るときには必ず同じように言ってくれて

コンドウの こぼれコラム

それでも、祖母はいつもニコニコして、生まれたばかりのトリペをかわいい、かわいいと大喜びで大事にしてくれました。「赤ちゃんはいるだけで、その場が華やぎ、幸せになれるねえ」祖母がよく言ってくれた言葉です。

洗たくもの出しときなさい ご飯できたよ
すまんのう

…私の世話までして…

スープ今日はカボチャよ

ご飯も必ず手作りして

年とってるおばあちゃんには
毎日がとんでもなく重労働だったのに
いつもニコニコしていて…
いつも誰かの心配して…

ミルクは量が決まってんだから
しょーがないじゃんっ
ぎぇ〜

それなのに私は自分のことだけで
いっぱいいっぱいで
イライラして…

…ところでアキちゃん…
ぎおんぼって知っとる…?

またすぐ来るよ…
ありがとうね…

本当は「ごめんね」も伝えたかったけど
三十路を過ぎても、おばあちゃんの前では
まだまだ子供の私は、お礼しか伝え
られなかった…

コンドうの こぼれコラム

「本当に天使ちゃんだねえ」母がよくトリペに言ってくれました。妹は、家に帰ってくると真っ先にトリペを抱っこしにやってきたし、いろんなことが分からなくなってしまった祖父も、トリペがいるときはいっつもうれしそうにしていました。

186

ぎおんぼ?
え?!
あー分かる分かる!!
“ぎぼし”なら
分かる? ほら、橋の上
とかによくある、ネギぼうず
みたいな…

それが…?
ババーン!!

ぎおんぼちゃーん♡
おばあちゃん
ずーっと何かに
似とると
思っとったんよー
呼んでるし…
…大体言いたい
こと伝わり
ましたわ…
天候は晴れ
…涙はいつだって すぐ乾く…

コンドうの こぼれコラム

初めての出産。初めての育児の立ち上げ1ヶ月。泣きたいこともありましたが、私がいっぱいいっぱいになっているときでも、周りの人が穏やかに赤ちゃんに接して、かわいがってくれたことで、自分の中にじっくり赤ちゃんをかわいがる基礎のようなものができたように思います。

タロさんを大事にするんよ
ムリせんのよ
ばあちゃんありがとう

おばあちゃんからはいつもの言葉

じゃあお世話になりました!!
← PC
← つきそい
ちょっと行ってくるわ

私たちは自宅へ帰ることになった

おう

じいちゃんは数秒後、私が
来てたことも、帰ったことも
忘れてしまうだろうけど
じいちゃんもいつも通り

じいちゃんもありがとう
また来るわ

……
ふぐ
いつだって半そで
ぐー

母の寝顔を見たら、なんだか
すべてがどうでもよくなった…

ぐお

雲の下にどんどんかくれていく
かの地を思って寂しくなりかけたけど

夫婦２人だけの育児は、心配も多いですし、その心配が深い分、ストレスが重なったり、しんどくなったりすることもあると思います。そんなときはどうぞ周りに目を向けて、親でも、友人や先輩お母さんでも、保健師さんでも保育園の先生でも、誰でもいいですから誰かに、赤ちゃんをかわいがってもらってください。

コンドうのこぼれコラム

スリングの布をくるりとまいて
授乳…
ふ…
パチ…
トリペが目を覚まし、声をあげようとした時は

あー… 乳OKになって 本当によかった…
キーン…
お帰りーー
空港には髪がすっかり伸びた夫

色々作ってたら髪切りにいくヒマなくてさっ
エヘヘ
ロールスクリーン
本
机
あ… ありがと…
3ヶ月ぶりに戻った我が家は知らない家具が色々増えていた…
トリペーすっかりおっきくなってーー
長い間不自由かけましてー
イエイエこちらこそ
お世話になりありがとうございました
いやアンタの髪の伸び方の方がスゴイヨ…
久しぶりの家族再会

コンドうの！こぼれコラム

気持ちに余裕のある人に、赤ちゃんに本当の笑顔を向けてもらい、かわいいかわいい！とかわいがってもらうこと。それだけで、うれしい気持ちがやってきて、ママもパパも安心できるはずです。

第7話

トリペと。一緒に進んでいく毎日

トリペちゃーん またねー♡
あくしゅー♡
ぼー
2日ほどたつと、母は帰っていった…

しーん…
……
……
育児0
育児1ヶ月ちょっと

こ…ここの心細さは…
ドキドキドキドキ

現在のワタクシ
正直…あの頃1ヶ月ほどの全体の記憶はなく…
一体どうやって生きてたのか…
ぼや～
そう…ただあの頃考えていたことは3つ

ぐぎゃーーっっ 地図もって逃げおった!!
オレなんか あの地図 まだ見てないっっ
ざっしゃーー!!
オムツって どうやって かえるのー?
でも アタシが リーダーなのか～ 不安だ～…
ちょっと 違うか…
まあ、相当心細いです…

コンドうの こぼれコラム

人生最大のびっくり体験をつづった「トリペと」。始めた当初は、トリペも赤ちゃん赤ちゃんしていて、なんだか必死な毎日で、ヒーヒー言っていたのに、今ではもうすっかりお姉さんトリペです。子どもってすぐ大きくなるなあと日々驚いています。

乳
もういっちょ
授乳間隔が全然あかない…
一日中乳出しっぱなしな気が…
乳はよく出てるって言われてるのに…何で??
乳
添い乳ってどうやってやるんだろ…
ボー
夜もいちいち起きあがってやっていた…
授乳クッション
フガフガ
★添い乳↑慣れると寝たまま授乳ができるようになる
泣
声…デカイな〜
そしてよく泣く…
なんだなんだなんで泣いてるんだ
下《シモ》
オムツの役割ってなんだ…またトリペ丸洗いか…
トリペ丸洗い
1日何回やるんだ…
プ〜
まっ…またシーツにまで…
イラッ
育児★
育児書やネットはどれも意見がバラバラだし…
乳は吸いたい時にいくらでも!!
紙オムツか布オムツか
泣くたびに抱っこを!!
乳は3時間はあけて!!
ウンチの量…
抱きぐせがつくから抱っこしすぎもよくない
激しく泣くのは…

コンドうの こぼれコラム

子どもがいる生活が当たり前となり、トリペに振り回される日々。思い立って旅行、なんて行けないし、好きに遊びに行くこともかないません。夜出かけることが、なんだか「ワル」っぽく感じられ…あんなに飲み屋がスキだったのに…。

正解はどれじゃー
ラ～っ
カチカチ

しかも本人何言ってんだか分からないし‥
ぐえ～あう～お～

初めての育児！しかも自分の子供！情報があふれればあふれるほど正解を求めてしまう‥

あの時期を越えてようやく分かった…
お母ちゃんおなかすいたの？

子育てがマニュアル通りにいくかっ
……と…
てぃっ
いや、色々役立つ情報もあるんだけど

よく食べよく出る（だから乳は飲みっぱなし）
自己主張が激しい（だからよく泣いた）
泣き方が激しいというより声が単に大きい

…赤子の様々なナゾはその子が成長して初めて分かるのだ‥

トリペがやってきてから、いろんな自分のことをしなくなり…。いろんなことを後回しにして…。それでも、トリペが来てからの日々は、忙しく、慌ただしく、そして笑いの絶えない毎日です。

コンドうの
こぼれコラム

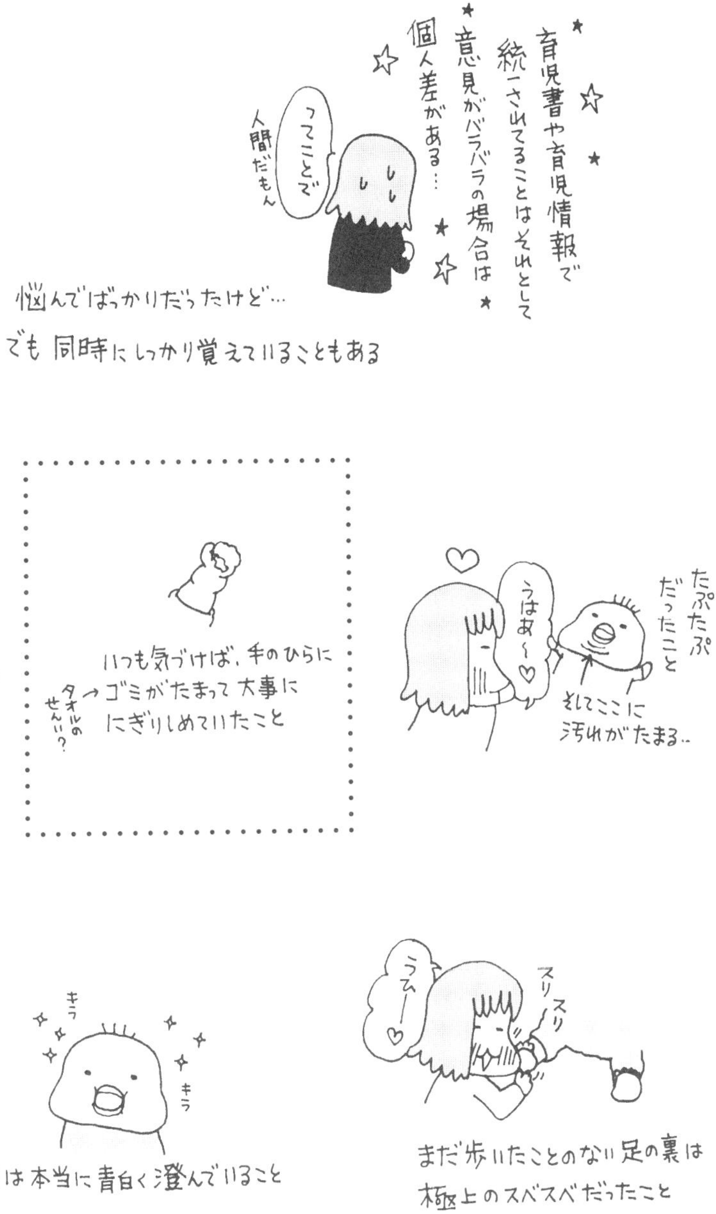
育児書や育児情報で
統一されてることはそれとして
意見がバラバラの場合は
個人差がある…
ってことで
人間だもん
悩んでばっかりだったけど…
でも 同時にしっかり覚えていることもある
いつも気づけば、手のひらに
ゴミがたまって 大事に
にぎりしめていたこと
タオルのせんい?
うはあ〜♡
あごの肉がたぷたぷだったこと
そしてここに汚れがたまる..
キラ
キラ
目は本当に青白く澄んでいること
うふー♡
スリ スリ
まだ歩いたことのない足の裏は
極上のスベスベだったこと

コンドうの こぼれコラム

トリペは日々、新しい感情を私たちにくれて、たくさんのことを教えてくれて。シャボン玉を吹くこと。海辺で貝殻を拾うこと。色づいた落ち葉やどんぐりを集め、夕方早くに見える一番星を眺めて。もう一度、私も、子どもをやらせてもらっている感じです。

ほわっほわのうぶ毛がくすぐったかったこと
抱っこしたときの匂いがとってもあったかかったこと
私はもともと子供好きなわけではなく
別にいないなら
いないでいいやー
大変だし
そんな私に母は言った
別にどちらでもいいと思うよ
でも私は子育てが生涯で一番おもしろかった
こんなに"誰か"にとらわれることはあっただろうか
この子が少しでも大きくなることを望み

コンドウのこぼれコラム

子どもと一緒の日々は、想像するよりも遥かにおもしろい毎日です。もちろん、怒ってばっかりでもありますが。毎日が我慢大会と思うこともありますが。

この子が
できるだけ
元気でいられる
ことを望み
トリペ〜
この子が少しでも
多く笑う
ことを望み
あー
……見てない

しょうもないことで泣かないっ
それはワガママですっ
ぐぎゃ〜
涙と怒りの混じりあった日も
この子が
どうぞ
幸せに
なれるように
願う

こんなか?
この子がすっかり大きくなって
しっかり大丈夫になって
お母ちゃん
レンコン
おいしいわよ
また作って
笑顔の多い日も積み重なって

コンドウの こぼれコラム

それでも…この愛しい毎日をくれた、トリペに感謝。私より「お母さん」をやってくれる夫に感謝。いつも惜しまぬ協力をしてくれる、お仕事先の皆さんに感謝。トリペをかわいがってくれる、まわりの皆さんに感謝。

親という字は
木に立って見ると
よく
言われるけれど

木に立っても 見えなくなったら
その手を離してあげよう
彼女が行きたいところへ行けるように

私たちの親がそうしてくれたように

その他いっぱい
食費
教育費
でもー
イエーイ やったーー!!…
まだまだ 気合入れて働かにゃ…
ウンチ出たわよっ
いっぱい♡

…と感傷的になりつつ、まだまだ現実は
自分の尻(大)もしっかりふけないトリペなのであった…

おーい お母ちゃーん
しんみり…

コンドウのこぼれコラム

子どもはすぐ大きくなりますが、そうはいっても、まだまだ私の育児は続きます。トリペと、私と、夫の毎日は、これからもずっと続いていくのです。

おまけ!
どうする? 妊婦の体重管理

ウホホ
ダイエットは明日からよ…
…妊娠5ヵ月…
……なんて言ってられない妊婦のカラダ
うおう!!

…ほら…ちょっと足ふきマット踏んじゃってるから数値がおかしく…
こんなはずは…
ガタガタ
食べたものを確実に身にしていきます…
受験生の脳と差し替えたい…
ハードな運動は めんどくさい できない
食事をおろそかにできない
塩分とりすぎNG
鉄分
カルシウム
たくさん
便秘にも気をつけて…
うむー
かつてないハードな体調管理を余儀なくされた私が出した結論…
くっ
みそ汁は具のみ!
すすりたい…
もちろんラーメンも…
何かといえば　たらちり鍋
また鍋!?
何か問題が?
ぐつぐつ
ジュースはプルーンジュース
主にはお茶
口寂しくなったら
のりか
小魚
遠い目
バリ
バリ
ストイックなまでに食に気をつけていたらずっと慢性便秘だった私が
毎朝快便!!
うおーーっっ
やっぱ「食」ってダイレクトに体に出る!!
塩分に気をつけてると自然に舌が薄味主義に…
外食ではたくさん食べられなくなる…
辛っ
しょっぱ!!
カサ
…
あのころがいちばん健康的だったなぁ…
帰ってこいキラキラなアタシ…
ドドドドド
妊娠…「自分のカラダ」が自分のモノでなくなる貴重な体験…。いろいろとしんどいけれど、こんなことはめったにない! 楽しい妊婦生活を送れるよう願っています。
私は真夏でも鍋を食べていました。NON油でおすすめです。汗っかきのダンナは、それはもう汗だくでしたが、そんなことは妊婦の私からすれば取るに足らないコトでございます。皆さんもぜひ!

※初出は「妊娠・出産がもっとHAPPYになる!　私たちの体験集'07」(ベネッセコーポレーション刊　たまごクラブ2007年12月号別冊付録)です

おわりに

ウェブにて連載されていました、私の第一子、
トリペの妊娠出産体験談が一冊の本になりました。

その当時は、すべてがはじめてのことで、いろんなことにアタフタした
毎日でしたが、今ではいい思い出です。

なにかお役にたてる情報はありましたでしょうか・・・
あんまりないようでしたら、申し訳ありません・・・・。

文中でも助産師さんも言っていらっしゃいましたが
「お産は100人いれば100とおり!」
その中のひとりの体験談だと思って読んでいただけますと幸いです。

あれから3年たち、トリペは立派な幼児となり、
だいぶん毎日にも余裕ができました。

毎日寝不足で、心配で、不安でいっぱいだった、乳児時代を思うと
「この楽さはなんだ!」という感じです。
夜泣きも、オムツからの漏れも、いずれ終わります。

そうして、今思うんです。あのチビコで、泣いてばっかりで、
くたくたのトリペにもう一度会いたいなあって。
当時はあんなにヒイヒイ言っていたのに贅沢《ぜいたく》ですね。

はじめての出産を迎える方にとってはドキドキの毎日だと思いますが、
あんまり心配しなくても、子は出てきたいときに、出てきます。
なるようになります。だからせっかくの妊娠時代をおおいに楽しんでください。

そうして、この本が出るころ・・・
私も、2回目の出産を間近に控え、ビビっているはずです。

今度はどんなお産になるでしょうか。
どんなお産だとしても母子共に健康でありますように。
とりあえず、呼吸法、しっかりやって臨もうと思います。

今回の妊娠は、トリペのときとはまた違った体験を色々しております。
そのお話はまたいずれ・・・。

この本に携わってくださったすべての皆さんと、夫とトリペ、
そして、連載中応援くださった皆様、本書を手にとっていただいた皆様、
本当にありがとうございました！

2009年 吉日　コンドウアキ

トリペと
妊婦、はじめました

著　者	コンドウアキ
編集人	殿塚郁夫
発行人	永田智之
発行所	株式会社主婦と生活社
	〒104-8357　東京都中央区京橋3-5-7
編　集	03-3563-5133
販　売	03-3563-5121
生　産	03-3563-5125
振　替	00100-0-36364
ホームページ	http://www.shufu.co.jp
印刷・製本	図書印刷株式会社

編集	岡部桃子　齋藤みち
デザイン	mo'design inc.　武田夕子
彩色アシスタント	ニシノケイコ
監修	小川隆吉（小川クリニック院長）
校閲	滄流社
Special thanks to	TAROICHI&TORIPE

Printed in JAPAN
ISBN978-4-391-13748-4

コンドウアキ

キャラクターデザイナー・イラストレーター・作家。文具メーカー勤務を経て、フリーに。「リラックマ生活」シリーズのほか、「うさぎのモフィ」「おくたん&だんなちゃん」（以上主婦と生活社）、「フリーな2人」「みかんぼうや」シリーズ（以上ソニー・マガジンズ）など著作多数。　HP　http://www.akibako.jp

監修者略歴
小川隆吉
医学博士。元日本医科大学産婦人科講師。日本医科大学卒業。セックスカウンセラー・セラピスト協会員、日本不妊学会会員。「30代からの妊娠・出産BOOK」（成美堂出版）ほか、「不妊の最新治療」「ここが知りたい不妊症」「30才からの安産」「更年期を上手に乗り切る本」など著書多数。
小川クリニックHP　http://www.ogawaclinic.or.jp